基于混合学习理念的教学改革研究与实践

孙学玉　著

吉林出版集团股份有限公司
全国百佳图书出版单位

图书在版编目（CIP）数据

基于混合学习理念的教学改革研究与实践 / 孙学玉

著. -- 长春：吉林出版集团股份有限公司, 2023.5

ISBN 978-7-5731-3336-6

Ⅰ. ①基… Ⅱ. ①孙… Ⅲ. ①教学改革 Ⅳ.
①G420

中国国家版本馆 CIP 数据核字(2023)第 141698 号

基于混合学习理念的教学改革研究与实践

JIYU HUNHE XUEXI LINIAN DE JIAOXUE GAIGE YANJIU YU SHIJIAN

著　　者　孙学玉

责任编辑　尤　雷

助理编辑　杨　帆

装帧设计　瑞天书刊

开　　本　710mm×1000mm　1/16

印　　张　9.75

字　　数　150 千字

版　　次　2024 年 5 月第 1 版

印　　次　2024 年 5 月第 1 次印刷

出　　版　吉林出版集团股份有限公司

发　　行　吉林音像出版社有限责任公司

　　　　　（吉林省长春市南关区福祉大路5788号）

电　　话　0431-81629667

印　　刷　吉林省信诚印刷有限公司

ISBN 978-7-5731-3336-6　　　定　价　58.00 元

前　言

随着社会的发展和科技的进步，产业结构、技术工艺和生产过程发生了巨大变化，职业的能力需求呈现多样性和多变性。高校教育需要培养学生具备"自主、合作和探究"的学习能力，以适应这种变化。在高校内涵式发展的形势下，混合学习成为主要的教学方式，其可以反映高校教学质量并促进人才培养目标的实现。利用混合学习环境和资源，开展线下深入授业解惑和线上协作探究的混合学习活动，具有实际意义。

本书以"混合学习理念研究与实践"为主题，重点围绕混合学习研究的溯源，混合学习的理念教学基础、框架构建、深度学习的能力、教学体制改革等方面进行了理论考量，对混合学习模式的构建以及教学策略等问题进行研讨。

本书对开展混合学习模式教育教学模式提供了创新研究与实践，为推进混合学习在未来学习中占据主导地位与教育教学深度相融合提供了参考。

笔者在撰写本书的过程中参阅了诸多与本课题相关的文献资料，并从很多学者的研究成果中受到了巨大启发。对此，笔者表示最诚挚的谢意。由于笔者水平有限，加之时间仓促，书中难免有不妥之处，恳请同行专家和读者不吝赐教。

目　录

第一章　混合学习概述

第一节　混合学习的来源

MOOC（大型开放式网络课程）的出现开启了教育转变的大门，带来了各种创新，其中一些甚至被称为"颠覆性创新"，比如，翻转课堂、基于大数据的教育等。虽然不是所有变化都会带来"颠覆性的创新"，但这些变化确实改变了教育的形态。尽管我们无法确定哪一种创新能够颠覆已有的教育传统，但从混合学习的创新中可以看出一种关注课堂本质的回归。

一、课堂的沉寂

在过去，学习是在课堂上进行的，而课堂则是教师和学生互动的场所。教师通过设定特定的课堂情境、教学目标、教学方法和策略，以促进学生的发展。要深入了解课堂的本质，就需要通过研究课堂的形式揭示其特点。但是，形式只是为了达到特定的目的而存在。因此，我们需要从根本上理解课堂形式的最终目的。在古代历史中，教育都是为了满足统治阶级的需求而存在的，无论是古埃及、古希腊还是中国战国以前的教育，都是为了实现特权的代际流动。他们将国家的意识和贵族青年的需求结合在一起，通过道德谈话和政治性示范，促进知识的代际传承，培养贵族接班人。教育旨在培养生活技能的例子虽有，但并不是主流。现代教育职能的专业化让课堂成为主要的教育场所，用于培养精于文学、能言善辩的贵族子弟。在这个目标的支持下，课堂成为个体直面现象本质的场所，知识获取依赖认知者，自由思考和批判性思维在其中流淌。随着人类对本源的探究不断深入，引领了形而上学的知识逻辑的开启，苏格拉底、柏拉图等对此倾注了极大的热情。这种理念取代了当时主流的人本主义课堂，强调"是什么"思维，而非"如何"等问题。这种思维模式从根本上改变了课堂的本质，使课堂成为下定义获取绝对知识的场所，建立了理所当然的知识权威，课堂的标志变成了知识传授的"质"与"量"的标准。然而，为了追求课堂教学的"质"与"量"，课堂逐渐背离了人的发展主旋律，导致学习成为一种"身心俱疲"的活动。

二、混合学习的本质

混合学习是融合了"面对面教学"和"在线学习"的教学方式。然而，混合学习的定义存在本质上的区别。

混合学习的定义和解释存在多个角度。学者从学习理论、学习环境、学习方式、学习资源和学习的参与主体等多个方面对混合学习进行了解释与定义。从学习理论角度来看，混合学习是建构主义、行为主义和认知主义的整合；从学习环境角度来看，混合学习是传统课堂与在线学习的整合；从学习方式角度来看，混合学习是多种学习方式的整合，包括接受学习、自主探究学习、合作学习、网上学习、网下学习、同步学习、一般学习等；从学习资源角度来看，混合学习是传统媒体资源与数字化媒体资源的整合；从学习的参与主体角度来看，混合学习是学习者、教师、专家和网络计算机的整合。

混合学习的本质具体表现在以下几个方面。

（一）释放知识传授的授课形式

当教育过程过于注重知识传授，其他方面的培养就会被忽略，这会导致学生完整人格的养成不够，同时，降低了人才培养的质量。然而，混合学习通过整合优质教学资源和提供在线支持服务，为学习和实践能力的提升夯实了基础。此外，教师也可以通过资源的有效组合和创新学习活动，更好地融入学习活动，而不再被知识传授的限制束缚。这种方法可以通过在线学习和传统课堂的整合实现，从而为学生提供更丰富的学习体验，同时，帮助他们在不同的学习方式中发掘自身的学习潜能。

（二）回归高效的课堂生态

从生态学的角度来看，课堂是一个具有整体性、协变性和共生性的生态场，师生之间互利互生的生态关系体现了生命的活力。若师生双方有任何一方过于强势，都会使生态的失衡和能量流动的不畅，最终导致效率低下。在传统课堂教学中，教师权威凌驾于学生主体之上，导致教师的发展脱离学生的发展。在数字化早期的课堂教学中，教师权威消解于学生对知识的占有，教师处于被动状态，只能依靠制度赋予的权力维持课堂关系。而在混合学习中，教师和学生处于相对平等的关系，他们通过共同的努力构建课堂生态，以学习和实践活动为交互载体，实现高效的课堂成长。

（三）完善生命的教学过程

网络介入的混合学习环境已经改变了课堂知识传授的本质，绝对真理已经不存在，知识的理解和实践是因人而异的。同时，课堂也不再是一个强调人文关怀和生命活力的环境。在这种环境中，学生需要通过在线和物理课堂两个场域进行学习，完成信息的传播。这种混合学习提高了学生的学习质量，关注整体性、完整性和个体性的基本特征，促进了人的和谐统一发展，也为人的全面发展奠定了基础。

（四）师生相长的互动机制

混合学习与传统课堂相比，学习活动的比例大幅提升。在传统课堂教学中，教师必须按照课程标准规定的教学内容设计传授的知识，并关注知识传授的有效性，而对于思想上的启迪、人格上的感染、行为上的典范意义仅有有限的关注，这并不是课堂教学的主体。同时，评价教师教学成效和学生学习效果也仅仅体现在学业成绩上，真正的"师生相长"的互动方式和机制并未建立。混合学习将知识学习的进度置于课外，教师有更多的时间和精力用于组织学习活动。通过学习活动的开展，教师启迪学生智慧，并不断反思与学生交往的过程和效果。在混合学习中，教师与学生的互动不再仅限于知识传递，而是更多地关注个人体验和学习期望的交流。教师支持学生进行基于知识和生命情感的实践，同时，在回答问题和解决疑惑的过程中完善知识结构。教师与学生的互动形成了"主导—主体"的关系，共同促进教学效果的提高。

此时，我们再来看混合学习：混合学习就是以丰富的学习方式实现学生的个性发展，通过师生互动提升学生自我和完善生命的过程。

第二节 混合学习的研究基础

一、文献计量分析

通过对有效文献分析，国内关于混合学习的文献最早刊登于 2002 年。就整个研究而言，大致可分为以下三个阶段。"混合学习"发表论文年度统计见图 1-1。

第一阶段为研究萌芽阶段（2002—2003 年）。

该阶段的学者开展了一些个案研究和概念初探的活动。2002 年，赵卫东、陈国华、盛昭瀚等分析了专家经验积累的过程，提出了基于智能 Agent 的复合学习方法。[①]2003 年 12 月 9 日，在第七届全球华人计算机教育应用大会上，何克抗教授正式提出了"混合学习"的概念。该概念得到了广泛认可，随即开展了大规模的混合学习研究。

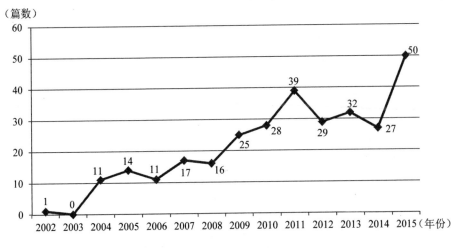

图 1-1 "混合学习"论文发表年度统计

第二阶段为研究起步阶段（2003—2008 年）。

---

① 赵卫东，陈国华，盛昭瀚，基于智能 Agent 的复合学习方法[J].系统工程理论与实践，2022（12）.

在研究起步阶段，学术界更关注混合学习的概念、混合学习的本质、混合学习的特征等方面的研究。其中，华南师范大学的李克东对混合学习的理论基础、基本原理、过程设计和应用模式等问题进行了探讨。[①]陕西师范大学的田世生从混合学习的基本问题、设计一个混合学习课程的方法，以及其对教育技术学带来的反思等方面进行了综述。[②]河南师范大学的张豪锋指出：运用混合学习可以扩大学生参与学习的机会、提高学习效率、降低学习成本、优化学习效果。运用混合学习进行教学设计，需要分析学生、学习内容、学习成本、媒体选择等主要因素。[③]洛阳师范学院的王莹以"大学英语"课程为例，运用混合学习组织教学，有效地提高了教学质量和效果，增强了学生驾驭英语语言的能力。[④]北京师范大学的张志祯指出，网络学习存在诸多难以逾越的问题，混合学习能较好地解决这个问题。教育机构应关注不同学习方式为学生所提供的个体经验具有的连续性与差异性，通过保证教学过程的适度结构化、不同学习方式分工明确、为学生提供反思的时间和框架、重视面授学习的机会等策略提高混合学习的有效性。[⑤]

第三阶段为研究发展阶段（2009 年至今）。

自 2009 年以来，"混合学习"的研究逐渐增加，并在 2015 年达到了高峰。在这一阶段，学术界修正和补充了第二阶段的理论框架，对国内外的"混合学习"进行了全面评述，更关注于"混合学习"在教学中的应用模式研究。例如，浙江师范大学的应永祥撰文分析了传统成人高等教育教学模式和网络教学模式的优势与不足，从理论和实践两个方面探索基于混合学习原理的成人高等教学模式。[⑥]华东师范大学的于文浩通过引入工作场所学习的概念拓展了组织中混合学习的内涵，构建起基于混合学习理念下的学习与绩效体系。[⑦]

[①] 李克东，赵建华.混合学习的原理与应用模式[J].电化教育研究，2004（7）：1-6.

[②] 田世生，傅钢善.Blended Learning 初步研究[J]. 电化教育研究，2004（7）；7-11.

[③] 张豪锋，卜彩丽.混合学习的优势与运用探讨[J]. 河南师范大学学报：哲学社会科学版，2005（6）：172-174.

[④] 王莹，Blending Learning 理念指导下的英语教学[J]. 中国电化教育，2006（7）.

[⑤] 张志祯，齐文鑫. 提高混合学习有效性的策略[J]. 中国远程教育，2007（4）.

[⑥] 应永祥.试论基于混合学习原理的成人教育教学模式[J].全球教育展望，2009（1）.

[⑦] 于文浩,混合学习的新视野：构建组织的学习与绩效体系[J].远程教育杂志,2010(1).

阜阳师范学院的张治勇、陕西师范大学的殷世东阐释了混合课程的内涵、优势以及面临的挑战，研究了远程教育混合课程开发的过程、原则及对策，指出远程教育混合课程开发的关键在于如何有效地整合面对面教学与在线学习。[①]河北沧州师范学院的黄琳娜、刘春立、刘凤华以河北省沧州市的"中小学教师信息技术培训"为例，探索了混合学习模式在教师培训中的应用。[②]韶关学院的黄德群通过分析高校师范专业必修课程"现代教育技术"混合学习设计需求，构建了基于高校网络教学平台的"现代教育技术"课程混合学习模式，设计了该课程的混合学习实施流程图，并从混合学习的学习环境、学习内容、学习资源、学习活动、学习评价等方面阐述了该课程是如何基于网络教学平台进行混合学习实践。[③]华中师范大学的王建中、李硕、姚韦韦介绍了 Coursera 的"混合学习"课程在资源、教学、学习及评价等方面的特点。[④]江苏师范大学的陈然、杨成以"C 语言程序设计"课程为例，结合"后 MOOC 时代"的 SPOC 课程特征，创设了 SPOC 的混合学习模式。[⑤]

二、研究层次与机构分析

就研究领域而言，80%的研究是基于基础研究、高等教育、基础与应用基础研究三个方面的，其中，基础研究占比最高，达到了 58.7%（176 篇论文）。就研究机构而言，主要集中在学校，以华南师范大学为代表的师范院校为主，数字学习科技公司仅贡献了 4 篇论文。目前，"混合学习"研究主要集中在高校，基础研究占据主导地位，而行业参与研究的积极性较低。

[①] 张治勇，殷世东.远程教育混合课程探析[J].现代远距离教育，2011（1）.
[②] 黄琳娜，刘春立，刘凤华.混合学习模式在中小学教师信息技术培训中的应用：以河北省沧州市为例[J].教学与管理，2012（15）.
[③] 黄德群,基于高校网络教学平台的混合学习模式应用研究[J].远程教育杂志,2013(3).
[④] 王建中，李硕，姚韦韦.大规模开放在线课程教学的成功之道管窥：以 Coursera "混合学习：对学生的个性化教育"为例[J].现代教育技术，2014（12）.
[⑤] 陈然，杨成.SPOC 混合学习模式设计研究[J]. 中国远程教育，2015（5）.

三、文献被引频次分析

在检索到的论文中，笔者特别关注了被引频次较高的文献。被引频次超过 20 次的文献共有 6 篇，占文章总量的 2%。其中，黄德群关于"混合学习模式与策略"以及陈卫东、刘欣红、王海燕关于"混合学习的本质"均被引用较多。具体情况见表 1-1。

表 1-1　被引频次 20 次以上的相关论文统计

文献名称	作者	期刊名称	发表时间	引用次数
基于高校网络教学平台的混合学习模式应用研究	黄德群	远程教育杂志	2013 年 3 月	32
混合学习的本质探析	陈卫东、刘欣红、王海燕	现代远距离教育	2010 年 5 月	32
混合学习的优势与运用探讨	张豪锋、卜彩丽	河南师范大学学报（哲学社会科学版）	2005 年 6 月	31
前向网络的两种混合学习策略	王凌、郑大钟	清华大学学报（自然科学版）	1998 年 9 月	30
利用混合学习模式提升教师信息化教学能力的研究	黄纯国	现代教育技术	2010 年 7 月	30
时变机器人系统的重复学习控制：一种混合学习方案	孙明轩、何熊熊、陈冰玉	自动化学报	2007 年 11 月	20

论文的被引频次反映了文章的质量和重要性，同时，也代表了研究领域的关注点。从表 1-1 中被引频次超过 20 次的 6 篇文献来看，"混合学习模式与策略"以及"混合学习的本质"是当前混合学习研究的热点。这表明，混合学习的模式与策略及本质是当前研究的关注点，也吸引了该领域专家学者的广泛关注。

四、主要研究者及代表观点

论及"混合学习"，邹景平、南国农、赵呈领和丁兴富等发表的论文数量排名靠前。其中，邹景平 4 篇、南国农 4 篇、赵呈领 3 篇、丁兴富 3 篇。他们的主要研究内容和观点分别如下。

（1）邹景平：以中国、美国有关的混合学习研究为例，指出"混合学习在高等教育中的应用与创新，有可能为全球高等教育的变革揭开序幕"[①]。

（2）南国农：从教育技术角度来分析，混合学习是教育技术理论中的重要策略，包括理念、策略、途径、融合、目标五个维度。

（3）赵呈领：以师范生教育技术能力培养为研究对象，设计了自主答疑式、讨论交流式、协同设计式、操作示范式 4 种混合学习模式。他认为四种模式的混合运用提高了免费师范生的学习参与度，提升了学生的教育技术能力。[②]

（4）丁兴富：远程学习形态包括函授学习、开放远程学习、网络远程学习、网络辅助教学、混合学习、在线课程学习 6 种，不同的远程学习形态使用的远程学习材料的形式、设计与开发的要求各不相同。[③]

五、"混合学习"教学模式

自 2009 年以来，针对"混合学习教学模式"的研究不断增加。国内外学者对大量个案进行比较分析，从学习环境、教学设计和流程、教学组织和实施等三个方面展开了有成效的研究。

[①] 邹景平.美国大学混合学习的成功应用模式与实例[J].中国远程教育，2008（11）.

[②] 赵呈领，疏凤芳，万力勇.基于社会性软件的混合学习在免费师范生教育技术能力培养中的应用研究[J].现代远距离教育，2012（1）.

[③] 丁兴富，李新宇.论远程学习材料的总体设计与开发[J]. 开放教育研究，2009（3）.

（一）学习环境

以华中师范大学杨宗凯为代表的学者在第八届混合学习国际会议暨教育技术国际研讨会上介绍了传统学习与在线学习环境的混合。杨宗凯提出了网络学习空间在支持教学资源共享和混合学习方面的典型模型，他认为教与学的信息化环境需要把物理空间、资源空间和社交空间相结合，并以华中师范大学为例，介绍了他们在网络学习空间的建设、使用方面的做法和心得。[①]

（二）教学设计与流程

梁九义以教师为研究对象，从"导学、自主学习、教学设计"等几个方面探讨了混合学习对我国现代远程教育教学模式改革的影响。[②]肖金芳、施教芳以苏州工艺美术职业技术学院的实践探索为例，基于校园网络学习平台，从公共基础课程的角度出发，设计了包含教学设计、课程导入、虚拟学习环境设计、学习评估、课堂教学、网络学习、实践学习、学习反馈的混合学习模式教学设计流程，并详细阐述了教学设计的各个环节（见图1-2）。[③]黄甫全、曾文婕、孙福海、尹睿以"小学教育学"网络课程为例，指出：教学设计上应该包括"课程内容的分类组织""学习资源的精心选择""教学活动的灵活组织""教学评价的多样开发""教学互动的多层建构""教学管理的人性设计"等，在模块结构上可以建设为"课程内容""教学活动""学习资源""教学评价""教学互动""教学管理"等。[④]

（三）教学实施

多位学者通过对混合学习案例的分析，提出了混合学习的流程和设计策略。凯伦·曼泰拉（Karen Mantyla）提出了"需求分析→选择媒体→教学设计

[①] 孙众，尤佳鑫，温雨熹，等. 混合学习的深化与创新：第八届混合学习国际会议暨教育技术国际研讨会综述[J].中国远程教育，2015（9）.

[②] 梁九义. 论混合学习对我国远程教育教学模式改革的影响[J].中国远程教育，2012（5）.

[③] 肖金芳，施教芳. 混合学习模式的研究和探索[J]，中国远程教育，2015（5）.

[④] 黄甫全，曾文婕，孙福海，等. 高校混合式学习网络课程的创新与开发：以《小学教育学》网络课程建设为例[J].中国电话教育，2013（2）.

方案→学习内容"混合学习的流程。王佑镁则从精品课程网络资源的教学性诉求出发，认为应通过嵌入认知工具支持课程内容的混合，以精品课程网络资源为中介连接课堂教学和网络学习，依托物理环境和心理环境的整合性支持构建混合学习过程。混合学习包括在线学习和面对面学习两种方式。在线学习是基于网络的合作学习方式，包括参与学习社区的网络研讨会、通过电子邮件交流等。面对面学习可以分为正式和非正式的、基于技术或者基于参与者的，在"主导—主体"活动中可分为基于指导的和基于发现的等。多方面的混合学习方式能够更好地满足学生的不同需求和学习风格，帮助学生更好地掌握知识和技能。

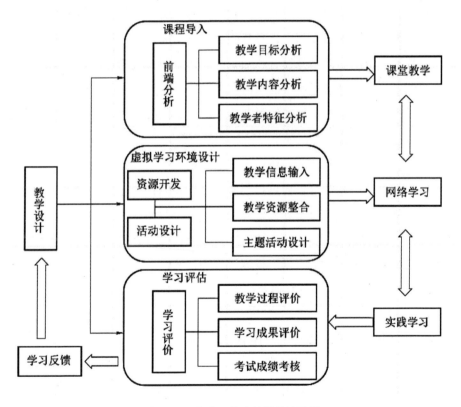

图 1-2　混合学习模式教学设计流程

第三节　混合学习的优势

混合学习的发展并非一蹴而就。尽管其被视为回归传统课堂的本质，但真正的突破需要较长时间的发展。混合学习课堂形态的改变需要更深入的理论探索。一些学校以加德纳的多元智能理论为指导，建立了基于网络的教育评估系统，通过了解学生的学习进度，进行个性化指导和开展群体教学活动。然而，这种单一模式的推进仍存在问题。

教师想深入理解混合学习回归课堂本质的意义，就需要更多实践和效果的支持。同时，学生需要基于自身基础结合学习风格进行混合学习的组织，这需要教师、资源的技术开发者和知识的媒体呈现方式的协同。因此，教学模式的创新与实践是必不可少的，而在学科层面具体要求的实现也需要教师突破。对于学生而言，虽然在线学习给了学生新的接触面，但对大多数学生来说，接受混合学习中的在线学习仍然是未知数。

目前，在中国部分地区，试行的"双师授课"模式就是一种混合学习模式。虽然远程端的教师可以通过远程教育进行知识传授，但也不能保证教学效果。实体端的教师需要与远程端配合，开展学习活动，提高教育教学的质量。然而，根据试点班和非试点班的实践效果，两者之间存在着显著的分数差异。这也提示我们在混合学习发展过程中，应该关注人的本性，将混合学习视为一种机遇，而不是纯粹讨论技术。

一、课堂教学和网络学习的优势互补

混合学习将课堂教学和网络学习有机结合，实现了优势互补。课堂教学可以发挥教师的主导作用，帮助学生快速掌握系统的知识，并促进教师和学生的互动。但课堂教学也存在不足，如过于关注学生的共性，难以满足学生的独特性和个性化需求。同时，时间限制也使学生思考和参与的时间有限，难以充分发展和培养智力与能力。混合学习则能够解决这些问题，通过网络学习，学生可以更加自主地掌握知识，有更多的时间和机会进行思考和探索，同时，还能够根据自身需求选择学习内容和学习方式。网络学习的优点在于学生可以随时随地参与学习，丰富的学习资源也能支持学生的学习，同时，教师可以利用网络教学平台和社交工具给予个性化指导。然而，网络学习需要学生具备一定的自学自律能力，需要教师做好规划和指导。混合学习整合了课堂教学和网络学习的优点，避免了它们各自存在的短处，可以最大化地实现学习目标的优化。

二、集体教学、自主学习和协作学习相结合

传统的集体教学强调教师对学生的主导作用，学生被动接受教材知识，缺乏主动参与和探究。相比之下，混合学习的集体教学更注重引导学生主动思考、探究和发现，培养学生学习能力和学习技能。通过采用探究式、发现式、抛锚式等教学方式，学生从被动接受转化为主动参与，从而实现快速有效的知识传输。此外，混合学习的自主学习也是培养学生学习能力的重要方式，自主学习能够让学生主动掌握知识和技能，独立思考并解决问题。混合学习的集体教学和自主学习相辅相成，共同推动学生的学习和成长。

自主学习是混合学习的一个重要组成部分。网络学习为学生提供了更多自主学习的机会，学生可以自由决定学习进度和时间，选择适合自己的学习方式和策略。自主学习有助于激发学生的积极性和主动性，学生可以更加主动地掌握和深入了解学习内容。此外，学生可以自己制订学习计划并实施学习活动，这样可以提高学生的学习效率和学习质量，具有很高的自主性和灵活性。协作学习是一种以学生之间相互协作、交流推进学习的形式。通过协作学习，学生可以发挥各自的优势，取长补短，激发创造性思维，共同完成个人无法完成的学习任务。此外，协作学习可以提高学生的人际交往能力。学生在交流过程中可以了解彼此的观点、想法，锻炼人际交往能力，相互学习，一起成长。在现代生活中，成员之间的协作越来越重要，混合学习的协作学习经验可以有效提高学生的协作意识和能力。将集体教学、自主学习和协作学习有效结合，可以更好地实现教学目标，促进学生的学习和能力发展。

三、教学资源的多样性

混合学习为学生提供了多样化的教学资源。除了传统的纸质资源，如各种书籍、卡片、实物等以外，在课堂教学中还可以使用幻灯片和微视频等数字资源。而在网络学习环境中，学生可以通过网络搜索获取各种相关资料、视频，同时，还能够获得定制化的微视频、阅读材料等资源。此外，学生与教师、学生之间也可以共享资源。学校还可以通过合作利用供应商提供的教学资源，或是开发满足本校需求的校本化教学资源。多样化的教学资源不仅可以提高学生的学习兴趣和动机，也有利于学生综合信息技能和素养的发展。此外，丰富的感官体验还可以帮助学生更好地掌握知识，养成终身学习的能力。

四、交互的多样性

混合学习提供了多种教师和学生之间的交互方式。除了面对面交流外，学生还可以通过网络平台或社交软件与教师进行交流。这种互动能够最大限度地发挥教师的指导、监控和引导作用，为学生提供及时的评价和反馈，有利于个性化教学的实现。同时，学生之间、学生与教学资源、教师与教学资源之间的互动也可以实现。多样化的交互方式可以解决学生在学习过程中遇到的困难和问题，促进学生有效学习和深化学习。

第二章　混合学习的理论基础

当前，我国正在深化教育改革。对于学校教育问题，人们长期争论不休。教育是面向人的实践活动，因此，从不同视角出发，可以找到不同的运作方式和解决办法。这种多元的理论和实践经验促进了教育的发展。学者发现，学习过程是复杂的，研究学习理论需要多元观点的支持。混合学习理论也有多种理论支持，其中，最重要的是综合利用多种学习模式以提高学习质量的理念。要充分认识混合学习的价值，需要从各种理论流派中找到支持混合学习发展的基础。

第一节　学习理论

随着终身学习的兴起，学习成为社会的热点话题，相关理论的探索也日益深入。学习不仅指人类学习，也包括动物学习。广义的学习是指通过实践和训练获得的心理与行为变化的过程。学习是人类特殊的过程，具有目的性和积极性。狭义的学习是指在教师指导下有目的、有计划、有组织、有系统地掌握知识和技能的过程。学习理论是支持混合学习的基础，其中，行为主义、认知主义、人本主义和建构主义是与混合学习相关的重要理论。

一、行为主义学习理论

桑代克是行为主义理论在现代教育体系中的代表人物之一，他最早在《动物的智慧：动物联想过程的实验研究》中阐述了其经典理论观点联结说，即

"猫解决疑难出笼问题"。

这是一项经典的行为主义实验，被称为"猫在盒子里"实验。在实验中，桑代克将饥饿的猫关入笼中，在笼外放置一条鱼，饿猫需要完成三个动作才能打开笼门去吃食物。一开始，猫会进行大量的无效尝试，如乱抓乱咬等，直到偶然碰到踏板逃出笼子，获得食物。然后，猫被再次放回笼内，经过多次尝试，它逐渐学会如何打开笼门获得食物，无效动作逐渐减少，猫的逃脱时间也逐渐缩短。桑代克认为这是"尝试—错误"学习，通过不断的实验和排除错误，猫逐渐学会正确的方法。

桑代克认为，动物在疑难笼中尝试各种可能的办法逃出，最终"偶然"打开门闩，经过多次尝试后，打开门闩的时间不断缩短，变成了熟练的动作。桑代克将此称为"尝试—错误"学习，即"学习即联结"，心即人的联结系统，学习是结合。在猫打开疑难笼的情境中，"门闩—开门"反应之间产生了固有联系，这就产生了学习。因此，学习是通过不断尝试，发现错误，并不断调整来获得知识和技能的过程。

巴甫洛夫是与桑代克同时代的著名俄国心理学家。他的研究主要集中在动物的条件反射方面。早期他研究狗的消化系统，发现放入胃中的食物种类和数量会影响胃液的分泌。为了研究这一现象，他进行了外科手术，将狗的胃的一部分外露，形成一个囊袋，可以观察到内部的变化。他发现囊袋分泌的情况与胃的分泌活动完全一致，因此得出结论：动物的条件反射是通过刺激和反应之间的联结形成的。巴甫洛夫因此研究成果获得了诺贝尔医学奖。他的研究对于理解动物行为和神经系统功能有着重要的贡献，为后来的行为主义心理学奠定了基础。

巴甫洛夫通过实验得出，动物具有固有的生理反射，它以一种精确的方式随着食物种类和数量分泌胃液与唾液。他发现，当嘴里有食物时，唾液会分泌一种稠厚的唾液开始消化，当在嘴里滴一点酸液时，大量淡唾液会分泌以稀释酸液。而当他把狗的食管从颈部移到外部时，食物可以咀嚼、咽下，但无法到达胃部，而是从颈部流出。巴甫洛夫发现，狗的胃液分泌与食物进入胃中时的量相近，说明引起反射性分泌的刺激不仅限于胃中的食物（适当的刺激，Appropriate Stimulus），还可以是口腔中的食物（信号刺激，Signaling

Stimulus）。后来，巴甫洛夫又发现，狗看到原先吃过食物的盘子或者看到喂过它食物的人，同样会引起胃液分泌活动，这种情况与生理反射的分泌活动有所不同。通过实验，巴甫洛夫发现了两种反射：一种是生理反射（Physiological Reflex），这种反射是任何动物都会表现出来的；另一种是条件反射（Conditioned Reflex），它是特定动物在特定经验的结果下产生的。例如，所有狗在胃里有食物时都会分泌胃液，但只有那些具有某种经验的狗才会在听到铃声时就产生胃液分泌活动。这使巴甫洛夫能够客观化学习的基本机制，并提出学习是暂时神经联系的形成。

20世纪30年代，斯金纳设计了斯金纳箱，利用饥饿的白鼠进行操作性条件反射的实验。箱内放置了一个操纵杆，与提供食物的装置相连。当白鼠不小心踩到操纵杆时，装置会释放食物。在几次实验后，白鼠学会了不断地按压操纵杆，以获取食物。这种实验引入了工具，形成了行为与结果之间的联系。同时，这种实验简化了桑代克的疑难笼实验，更好地阐述了行为主义学派的学习理念。操作性条件反射逐渐成为学习理论的重要流派。行为主义的基本过程是动机、反应、强化和反馈。它在抽象事物学习过程中具有重要作用，在程序教学和MOOC等在线学习中都有应用。通过反复学习获得知识和技能的思想已经成为教学设计的一部分。在混合学习中，基于在线学习的方式和资源同样使用了行为主义的理论，同时，引入了班杜拉等的替代性强化等概念，进一步阐述了学习行为，形成了一种影响较大的学习理论。

二、认知主义学习理论

苛勒是西方著名心理学家，他通过对黑猩猩的经典实验提出了学习是一个认知的过程，即著名的"顿悟"学。在这个实验中，黑猩猩面对的情境是模糊和混乱的，当它突然看出几根短棒接起来与高处的香蕉发生关系时，就产生了顿悟。为了解决这个问题，苛勒提出了自己的学习理论，即学习是知觉的重新组织，这种知觉经验变化的过程不是渐进的尝试与错误的过程，而是顿悟的结果。顿悟学说认为学习是一种认知过程，其产生的原因包括情境刺激的整体性和结构性，以及大脑本身的组织功能。这种学习方式在强调整体性的学习环境中具有积极意义。后来，认知主义在学习研究中占据了主导地位，布鲁纳和奥苏泊尔等认为学习是通过认知获取意义与意向的过程，认知结构的组织和重新组织是学习的本质。这种观点与格式塔早期的观点相似，都强调知识经验的作用，认为认知是已有知识的内化和顺应，能促进人的学习。当教学环境与学生原有的认知结构发生关联时，学习就会发生。

布鲁纳和奥苏泊尔的学习理论虽然存在一些不同的观点，比如，布鲁纳更加强调学生的自主发现，而奥苏泊尔更加强调学生的知识接受，但无论是自主发现还是知识接受，都是学生积极主动参与学习的过程，都重视学习活动本身带来的内在强化作用。在混合学习环境的设计中，提供整体性的学习环境，通过整体的刺激作用，强调部分的组合作用，对于推进混合学习的价值具有重要意义。

三、人本主义学习理论

人本主义学习理论兴起于 20 世纪 60 年代，被认为是学习理论的"第三种力量"。其主要代表人物是马斯洛和罗杰斯。

人本主义认为，学习过程应重视人的尊严和主观性，强调人的价值、创造性和自我实现，将情感、需要和价值观纳入学习过程中。在此基础上，学习的实质是学生获取知识、技能和发展智力，探究自身情况，学会与教师和班集体成员的交往，实现自己的学习潜能。在学习过程中，气氛适宜的学习情境尤为重要，教师要成为一个真诚的、可信赖的、有感情的指导者，帮助学生发掘自己的潜力。

马斯洛等认为，学习动力应通过内化的方式产生，而非外部强制。学习的驱动力在于"防卫力量"和"进取力量"，前者主要恐惧失去安全并逃避现实，后者则是推动个体不断追求完美并充满信心与朝气的生活。因此，教师的任务不仅仅是传授知识，更是为学生创造良好的学习环境，让学生自由选择和决定学习方向。以学生为中心的自由学习原则提出，即学生自由选择探索并决策，教师则在旁辅助以减少阻力和挫折。只有学生自发地参与学习、发现、分析和解决问题，才能使学习真正有价值。这一原则与混合学习的主动性强调异曲同工。

四、建构主义学习理论

建构主义的思想起源于皮亚杰，其核心观点是教师无法直接教会学生知识，而是需要在特定情境下，通过与其他人的协作和利用相关资料，实现意义的建构。因此，建构主义的学习是通过情境、协作、交流和意义建构四个因素实现的。其中，情境是意义建构的基础，协作是意义建构的方式，交流是意义建构的手段，意义建构则是学习的最终目标。在建构主义的观念中，学习不仅仅是传授知识，更注重学生的主动参与和探究，通过与他人的互动和交流，创造性地建构自己的知识结构，提高学习效果和质量。

在意义建构过程中，学生通过新旧知识之间的相互作用，形成和调整自己的经验结构。这种建构过程需要以原有的知识经验为基础，超越信息本身。同时，学生应根据个人兴趣进行知识经验的改造，是同化和顺应两方面的统一。因此，建构的意义是事物的性质、规律和事物之间的内在联系。在学习过程中，建构意义就是学生对学习内容所反映事物的性质、规律以及该事物与其他事物之间的内在联系达成的理解，最终形成特定的认知图示或认知结构。在这个过程中，学生需要通过反复的双向相互作用调整自己的经验结构，而教师的任务则是提供支持和指导，帮助学生构建意义。

建构主义对现今的教育教学体系产生了重大影响。在基础教育领域的第八次教学改革中，建构主义作为理论基础，成为改革的推动力量。其理论和教学范式，影响了教材开发、教学流程和学校组织机构等各方面的内容。在混合学习中，建构主义理论也被广泛应用，通过理解资源和学生的过程，强化新旧知识之间的相互关系，增强混合学习场域对学生的触动作用。

第二节　教学设计理论

20 世纪 50 年代，系统科学开始应用于教育技术领域，对教育理论产生了影响。教学设计理论研究与实践也开始兴起。70 年代以来，教学设计发展到以耗散结构理论、协同理论和超循环理论为新支撑的新一代方法论。教学设计是指根据教学对象的水平和需要，确定合理的教学起点和教学终点，对文本内容进行重组和转化，有序并系统地安排教学要素，使之形成教学预设方法的过程。它呈现出整体性、动态性、层次性、最优化、开放性、非线性、协同性、涨落性等特性。学习共同体的构建研究、学习资源与环境的设计研究、教学模式与策略设计研究、教学评价方法与评价工具研究等成为教学设计研究和实践的核心区域。近年来，MOOC 等在线学习已经逐渐流行起来，研究者开始围绕在线资源的内容设计展开研究，试图消除在线学习中的孤独感和失落感。这些研究已经产生了大量成果，包括构建混合学习的教学设计和实践经验。同时，一些新技术，例如，情境感知技术和教育大数据技术，也开始应用于教学设计中，从而使教学设计的成果和实践更加具有说服力。

一、第一代教学设计理论

第一代教学设计理论以行为主义为基础，常称为"行为主义教学设计模式"。教学设计的理论基础包括四个部分：系统论、学习理论、教学理论和传播理论。在这些理论中，学习理论最重要，因为任何教学的目的都是促进学生学习质量与效率的提高，研究人类学习过程的内在规律在教学设计中起着关键性的指导作用。其中，系统论、教学理论和传播理论近 30 年来的发展相对稳定，对教学设计的影响也比较稳定。这三种理论均对教学设计的发展起过较大的推动作用，但从 20 世纪 60 年代末至今，这种影响没有太大变化。学习理论在教学设计理论中的作用十分重要。自 50 年代以来，学习理论不断发展，其中包括行为主义、认知主义和建构主义等不同的阶段。斯金纳的操作性条件反射对早期教学设计理论产生了很大的影响，它是指非已知刺激诱发出的联结反应。行为主义的联结学习理论或称"刺激—反应"学习理论，也是最初的教学设计理论之一。学习理论中认知主义和建构主义的发展对教学设计理论产生了深刻的影响。

这种学习理论虽然强调了认知来源于外部刺激并可通过行为目标检查来控制学习效果，但在处理复杂的认知过程时显得无能为力。因此，认知主义逐渐兴起，认为学习是由学生内部主动的认知过程引发的，重点是从学生的角度研究学习过程，特别是关注学生如何组织、处理和记忆信息。同时，建构主义也被提出，认为知识的建构是一个个体内在的过程，它是由个体对外部环境的主动解释引发的。认知主义学习理论认为，认知主体的内部心理过程对学习过程起着关键作用，与外部刺激相互作用才能产生认知，这与行为主义学习理论截然不同。随着认知主义的兴起，行为主义代表的"机器学习"和"程序教学"已经不再是主流，但行为主义仍对教学设计产生影响，例如，在 MOOC 的教学设计中仍然可以看到行为主义的痕迹。

随着认知主义的发展，基于认知主义的教学设计理论逐渐系统化，并得到了各种实践的支持。然而，当时并没有形成经典的教学设计范式。在此背景下，美国著名教育心理学家加涅提出了"联结—认知"学习理论，它融合了行为主义和认知主义两种理论的优点。该理论认为，学习的发生依赖于外部刺激和内部条件，教学的目标是通过适当的外部条件促进学生内部心理过程的，以实现更好的学习效果。这种理论成为以"教"为中心的教学设计模型的理论基础，并在教学实践中被广泛应用。内生动力和外生动力的说法实际上是这种理论的变体。

二、第二代教学设计理论

教学设计分为以"教"为中心和以"学"为中心两种模式。以"教"为中心的被称为"传统教学设计"，而以"学"为中心的则被称为"现代教学设计"。其中，传统教学设计又分为第一代和第二代。第一代教学设计建立在行为主义模式基础上，后期得到了新行为主义的改良，但没有突破原有的体系。这种情况一直持续到 20 世纪 80 年代后期，导致教学设计理论领域多年来没有新的突破，人们渴望一种新的教学设计模型改变这种状况。梅瑞尔等在 1990 年提出了教学设计二代的概念，这是国际上关于教学设计分代的最早提法。自此，人们将之前所有的其他教学设计模型称为"教学设计一代"。

梅瑞尔等曾分析教学设计一代的缺点，但未能解决其本质问题。在他们列举的九种主要缺点中，有五种是因为教学设计一代缺乏系统论观点如无法全面分析、组织和讲授教学内容，教学设计理论体系封闭，不同阶段的教学开发缺乏协同；有两种涉及教学理论，即被动式教学和不理想的课程内容组织；还有一种涉及开发效率，即投入产出比为 200：1，效率极低；最后一种则是批评教学设计一代对知识获取的描述有限。尽管教学设计二代提出了许多改进，但教学设计一代的根本问题仍未得到解决。

讨论学习理论是教学设计的重要内容，这超出了仅仅停留在学习理论的范畴。与之相对，对第一代教学设计的批判并没有真正涉及学习理论。事实上，学习理论对教学设计模型的发展有着显著的影响，是教学设计最重要的理论基础。研究教学设计模型时，必须紧紧依托学习理论，以便更好地厘清教学设计模型发展的脉络，而不是被细枝末节的处理所困扰。只有这样，我们才能提炼出新的模式，并指导教育教学的开展。梅瑞尔等人未能意识到教学设计必须依托学习理论，从而错失了发展教学设计的最佳机会。他们的教学设计改良虽有一定贡献，但没有带来本质上的突破。因此，梅瑞尔的第二代教学设计模型没有像第一代那样对教育实践形成有推动力的影响。尽管如此，梅瑞尔等人的教学设计分代思想促进了人们对教学设计的关注，同时提出了第一代教学设计存在的问题，引发人们对教学设计的探索与思考，推动了教学设计的后续发展。梅瑞尔等人被人们忽视的思想成为后来研究教学设计的关键内容。

综上所述，我们可以得出结论：以"教"为主的教学设计经历了两代更替，具有明显的代际特征，并为教学设计的发展做出了重要贡献。第一代教学设计模型以行为主义学习理论为基础，即"刺激—反应"学习理论；第二代教学设计模型以加涅的"联结—认知"学习理论为核心支撑，同时吸收了第一代的一些改进思想。在传统教学设计的四种理论基础上，除了学习理论以外的其余三种（系统论、教学理论和传播理论）对所有教学设计模型的影响基本相同。但是，学习理论在不同的教学设计模型中的体现有显著的差异。由于学习理论对教学设计具有最重要的指导作用，因此将学习理论作为教学设计模型发展的"分代原则"是抓住教学设计本质的关键。

值得一提的是，加涅的"联结—认知"学习观点对教学设计理论的研究与发展产生了重要的推进作用，也为梅瑞尔等的教学设计模型提炼提供了支持。不过，遗憾的是，加涅并没有在其理论基础上展开教学设计理论的研究，也未尝试提出新一代的教学设计模型。他的《教学设计原理》经过四次修改后仍未对教学设计模型做出提炼，而是继续使用第一代教学设计模式和框架进行叙述。比如，加涅1992年出版的《教学设计原理》一书，核心框架仍然是"狄克—柯瑞模型"，这意味着他的教学设计思想中仍然主要基于行为主义，因此他被视为新行为主义的代表。虽然加涅在学习理论方面主张"联结—认知"观点，但认知因素的考虑仍不充分。尽管他对学习者的特征分析比较注意，如学生的学习动机、认知策略和智力技能，但关于如何考虑认知结构和认知策略的需要来组织教学内容的重要问题被完全忽视了。具体来说，加涅虽然在教学系统的四个要素（教师、学生、教学内容、教学媒体）中比较注重"教学对象"（学生），对于教师和教学媒体这两个要素也有一定的考虑，但对于"教学内容"这个要素完全忽略了。加涅对于认知学习理论的坚持存在不彻底的混合，这为建构主义对教学设计的批判提供了机会。尽管教学设计在各种讨论中被认为极其重要，但实践中一些没有接受过教学设计训练的人群也能很好地做出教学设计的作品，这引发了对教学设计的质疑和反对声音。

三、第三代教学设计理论

随着时代的变迁，建构主义逐渐被广泛接受，尤其是数字化时代的学生进入课堂后，建构主义在解释各种新的教学现象中发挥着重要作用。相比之下，第一代和第二代教学设计所代表的行为主义并没有真正改善教育教学的质量。建构主义是在研究儿童认知发展基础上形成的，它不仅构建了新的学习理论，也正在发展新的教学理论，基于建构主义的教学设计思想也逐渐萌芽。建构主义学习理论和学习环境的核心思想是将学生作为学习的主体，让学生从被动接受者转变为信息加工的主动建构者。这也要求教师的角色发生重大变化，不再是传统意义上的知识传授者和灌输者，而是应该成为学生主动建构意义的帮助者和促进者。因此，建构主义学习环境下，教师和学生的地位和作用发生了很大的变化。针对这种情况，教师应当采用全新的教学模式、教学方法和教学设计思想，以满足建构主义学习环境下学生主动建构知识的需求。此时，"学"成为教学设计的中心。因此，"以'学'为中心"的教学设计理论也应运而生，成为建构主义学习理论的基础。

按照建构主义理论，教学设计大致可以分为以下几个步骤。

首先，进行教学目标分析是教学设计的关键环节，通过分析整门课程及各教学单元的教学目标，可以确定当前所学知识的"主题"，即与基本概念、基本原理、基本方法或基本过程有关的知识内容。这种以目标为中心的教学设计模式明显地改变了以"教"为中心的教学设计模式。相比以"教"为中心的教学设计模式，以目标为中心的教学设计模式不是从教学大纲规定的总教学目标出发的，而是从各级子目标出发的，逐步画出它们之间的关系图，并进一步确定达到规定教学目标所需的教学内容和教学顺序（知识点排列顺序）。以"学"为中心的教学设计旨在确定当前所学知识的主题。教学目标分析的主要目的是确定总教学目标与子目标的关系图，并据此确定为达到教学目标所需的全部知识点，从而确定当前所学知识的主题。目前，常用的教学目标分析方法包括归类分析法、层级分析法、信息加工分析法和解释结构模型法（ISM 分析法）等多种方法。这些方法可以有效地指导教师制定合理的教学目标和课程设计，使教学过程更加系统化和高效化。

其次，在建构主义学习环境中，创设相关情境也是一项重要的任务。学生不是空白的，而是拥有自身知识结构的个体，他们的学习总在特定的社会文化背景下进行。因此，在实际情境或通过多媒体创设的接近实际的情境下进行学习可以激发联想，唤醒长期记忆中有关的知识、经验或表象。这样，学生可以利用自己原有认知结构中的有关知识与经验去同化和索引当前学习到的新知识，赋予新知识以某种意义。如果原有知识与经验不能同化新知识，则需要进行顺应过程，即对原有认知结构进行改造与重组。综上所述，情境创设对于同化和顺应新知识的意义建构具有重要意义。传统的课堂讲授难以提供实际情境所具有的生动性和丰富性，也难以激发联想，因此，难以提取长期记忆中的有关内容。这使学生在建构新知识的意义时会面临困难。情境创设分为两种情况：一是学科内容具有严谨结构，需要创设丰富资源的学习环境，包含多样应用实例和信息资料，以促进学生主动发现和探索；二是学科内容不具有严谨结构，需要创设仿真实际情境的学习环境，激发学生参与交互式学习的兴趣，完成问题理解、知识应用和意义建构。在两种环境中，都应提供自包含的"帮助"系统，为学生提供咨询与帮助。

最后，通过自主学习设计和协作学习设计，可以实现学习的价值目标。自主学习设计是以"学"为中心的教学设计的核心内容。在建构主义学习环境中，常用的教学方法包括"支架式教学法""抛锚式教学法""随机进入教学法"等。根据选择的不同教学方法，对学生的自主学习应做不同的设计。①在采用支架式教学时，可以围绕主题建立相关的概念框架。这个框架需要按照维果斯基的"最邻近发展区"理论建立，并且需要因学生而异，因为每个学生的最邻近发展区是不同的。通过这个概念框架，学生的智力发展可以逐步引导到一个更高的水平，就像沿着脚手架一步步攀升一样。②对于抛锚式教学而言，首先需要在相关的实际情境中确定一个真实事件或真实问题（"抛锚"），其次通过假设和查询各种信息资料对给定的问题进行论证，制定解决问题的行动规划，并最终实施该计划。在这个过程中，学生需要根据实施过程中的反馈不断补充和完善自己的认识。③对于随机进入教学而言，应创设多种情境，以供学生在自主探索过程中随意进入其中任一种情境学习。

协作学习设计是基于个人自主学习的基础上进行小组讨论、协商的方法，以深化对主题的意义建构。教师在其中扮演组织者和引导者的角色，提出讨论问题并协助学生完成任务。协作学习环境的设计可以分为两种情况：学习主题事先已知和未知。大多数协作学习属于前者，但在实践中也会遇到后者。例如，在中小学的语文课上，在多媒体网络教学环境下，让学生当堂进行看图作文或命题作文，然后利用多媒体教室网络进行全班性的评议交流。在这种情况下，目标已确定，即通过集体评议促进全班的作文学习，但具体的评议内容是未知的。针对第一种情况的协作学习环境设计，需要包括以下内容：首先，针对已知主题提出有争议性的初始问题；其次，提出能逐步引导学生深入讨论的后续问题；再次，教师应站在学生最近的发展区，以提问引导讨论，而非代替学生思考，切忌直接告诉学生应该如何做；最后，在协作学习过程中，应对协作学习的效果进行相应的反馈。对于未知主题的学习情况，预测和模拟都无能为力，因此，需要教师具备随机应变和临场掌握的能力，实现生成性课堂的教学效果。这种变化需要注意几个问题。首先，教师应该认真听取每位学生的发言，注意学生的神态和反应，并根据学生的发言及时提出问题的解答或正确的引导。其次，教师要善于发现每位学生发言中的积极因素，并及时给予肯定和鼓励。再次，教师要善于发现每位学生在发言中出现的关于某个概念或认识上的模糊或不准确之处，并用适合于学生接受的方式指出。在讨论开始偏离教学内容或纠缠于枝节问题时，教师应及时加以正确的引导。最后，在讨论结束时，教师应该对整个协作学习过程做出小结。建构主义的教学设计思想在混合学习中具有极大的价值，特别是组织学生围绕相应话题组建学习共同体的过程。

在建构主义思想下的教学设计中，评价是非常重要的一部分，可以起到诊断、改进和促进学习的作用。评价内容主要围绕自主学习能力、协作学习过程中的贡献以及是否达到意义建构的要求展开。评价的设计包括小组对个人的评价和学生个人的自我评价。评价的最佳结果是让学生在不感到任何压力的情况下乐意去进行评价，并能客观、确切地反映出每个学生的学习效果，凸显学生成长的价值。根据各种评价结果，可以进行有效的材料推荐和新的学习。这些材料和练习应经过精心挑选，既要反映基本概念和基本原理，又要适应不同学生的要求，以便通过强化练习纠正原有的错误理解或片面认识，最终完成符合要求的意义建构。

需要注意的是，教学模式设计不仅是以"教"为中心的教学设计的核心内容和重点，也是以"学"为中心的教学设计的重要组成部分。然而，在以"学"为中心的各种教学设计模式中，构建的目标是通过环境塑造实现高效学习的，但在知识学习中，这种方法存在天然的缺陷。实际上，教学模式具有的理论依附性、动态性和系统性等重要属性对于任何教学系统（无论是以"教"为中心还是以"学"为中心）都是必要的。如果在以"学"为中心的教学设计中忽略这些属性（例如，只考虑学习环境的设计），就无法确保整个教学活动的前后呼应，也就无法实现教学要素之间的协调配合和整体的连贯性。

以学生为中心的教学模式设计方法和以教师为中心的教学模式或"双主模式"中的设计方法类似。教学设计需要考虑当前教学单元或某节课的知识内容，并设计出符合基于建构主义的以学生为中心的总教学模式要求，又能满足对当前教学内容进行意义建构需要的子教学模式。设计重点在于应用建构主义学习理论和教学理论，采用系统观点和动态观点审视各环节的设计，整理、归纳和综合教学系统的四个要素在各环节中的作用及相互关系，使之形成一个有机的、稳定的教学活动进程，并用有关的词语概括这个稳定的进程，形成以"学"为中心的教学模式。这种以学生为中心的教学模式，主要考虑到学生的学习过程，并优化内容和环境，如提供激发内在动力的环境。相比以教师为中心的模式，教师在整个教学进程中的主导作用会更多，学生的主动性发挥会少一些；而对于以学生为中心的模式则相反。无法一概而论哪种设计结果更好。混合学习的价值在于通过特定模式的基于数据的检验，以形成不同的基础，从而达到不同的效果。而这两种教学模式的设计，都需要在相关条件和环境的支持下，才能获得最佳的效果。同时，教学设计也应该考虑到当地的具体环境和条件，而不是盲目套用固定的模式。混合学习依托于各种教学理论，应该呈现出开放的体系，以有效地汲取各种理论的精华，从而显著提高学习成效。

教学设计理论是混合学习的重要支撑，它考虑到混合学习是通过各种媒体和资源、教学方式的优化组合而来的。除了学习理论以外，教学设计思想也是对混合学习支持最大的因素。

第三节　在线学习理论

从混合学习的根源来看，它起源于在线学习，因此，在线学习理论对混合学习的发展具有重要意义。与其他学习理论相比，在线学习理论的概念边界和核心不够清晰，理论体系还需进一步完善。

一、在线学习的起源

最初在线学习主要应用于传统学习无法覆盖的学习场景，例如，为那些需要重修课程或无法在学校环境下学习的人提供学习机会。但随着多媒体和互联网技术的快速发展，在线学习逐渐兴起并变得热门。希尔兹最早提出了在线学习的概念，即在 Web 上创建一个共享的虚拟学习空间，包含课程主页和相关资料，以达到一种面对面学习的效果。近 20 年来，在线学习的理论研究不断深入，形成了较为系统的理论体系，其支持理论也从行为主义向认知主义和建构主义方向发展。同时，围绕在线学习如何开展有效教学、挖掘学习行为、评价生、资源建设等方面的研究也逐渐展开。

二、在线学习理论研究的现状

目前文献中对在线学习理论的研究相对较少，但由于在线学习的灵活性和分布性，各国学者将实践与理论相结合，以项目为支持开展了一些专项研究。例如，针对在线学习的社区项目、虚拟学校、虚拟教室、虚拟实训室项目以及围绕在线学习各环节进行的专项研究等，这些研究为在线学习提供了不同角度的理解和探索，但对于系统化的研究仍然比较薄弱。

三、在线学习理论研究的展望

目前在线学习的相关研究，大多数仍然是应用型研究，关注点主要在如何进行基于在线学习的有效知识构建。但是，从 MOOC 等在线学习的实践来看，大多数在线学习系统没有充分考虑学生的个性特征和需求，导致在线学习效果不佳，学生容易感到"知识超载"和"网络迷航"，失去学习兴趣。此外，高阶的深度学习方面的研究也受到了批判，许多在线学习的研究急于证明自身价值，陷入了应用型研究的局面。因此，建立基于学生需求的在线学习模式和支持服务，推动在线学习研究从应用型向理论型的转变，是当前在线学习研究亟待解决的问题。

未来，在线学习将朝向面向智慧的资源提供者、资源平台和评价方式，以及围绕学生为中心的在线学习支持服务方向发展。此外，基础性理论研究也需要加强，各学科之间需要更广泛的跨学科合作和交流，例如，计算机神经科学、生理学及其学习理论、信息情报学、复杂性科学等，以形成更为完整的理论体系。

四、在线学习理论对混合学习的价值

虽然在线学习理论尚缺系统性，但其对混合学习的价值是不言而喻的。在线学习的资源统筹思考为混合学习提供了有价值的经验，例如，微课程的独特形式和低认知负荷的学习资源有助于增强混合学习的效果。而在线学习的成效，需要良好的教学支持服务和大数据技术。在线学习中的理论体系也可迁移到混合学习的理论构建中，支持混合学习的发展。混合学习的开展需要提供适当的学习材料，以及识别学生所需的最有价值的资源，这正是在线学习在资源统筹上的优势所在。此外，在线学习的理论研究还可通过更广泛的跨学科合作和交流结合，进一步夯实其理论基础，形成自身的理论体系，为混合学习提供更加有力的支持。

第四节 有效教学理论

有效教学的目标是让学生在一段时间的学习后取得具体的进步，而不是教师在教学准备和付出劳动的多少。混合学习的目标是通过多种资源、策略和方式提高学习效率，强调基于学生成效的研究，注重学生在学习过程中取得的成效。

一、有效教学的核心观点

教育研究者对于有效教学内涵的界定存在不同观点。一些学者从教师教学实践的角度出发，提出了"有效教学即教师能够有效讲授、有效提问（倾听）、有效激励"的观点。而另一些学者则从学生发展的角度来界定，认为"有效教学是教师通过教学过程的有效性，符合教学规律，成功引起、维持和促进了学生的学习，相对有效地达到了预期教学效果的教学"。有效教学可以从多个角度进行分析，包括教师教学实践、学生发展和教学结构等。不论是哪种视角，有效教学的核心都是有效性，包括有效率、有效益和有效果。实现有效教学需要将有效的理想转化为有效的思维和状态。因此，需要鼓励学生从整体性、协同性和高效性的角度思考课堂教学问题。混合学习作为一种有效提升课堂教学的形式，可以解决教学课堂效率低的问题。

二、有效教学的发展历程

有效教学的研究与实践可以分为萌芽、发展和繁荣三个阶段。萌芽阶段的特征是初步提出话题，有假设性论证，但缺乏基于实践的论证。同时，提出了有效教学的标准，但缺乏用典型案例和具体思路指导实践的经验。发展阶段的特点是研究内容逐渐扩展，教师的有效教学行为和策略得到深入研究，同时，对有效教学内涵和发展趋势的关注也不断提高。研究对象逐渐扩大至教育的各层面，研究方法也呈现出多样化和现代化的趋势，但是没有出现突破性事件和典型案例。繁荣阶段的特点是有效教学的理论成果逐渐建立，包括有效教学的特征、影响因素、实施保障和评价标准等各方面的成果。同时，注重多种方法的组合，丰富了基于实践的理论成果。其主要理论结论如下。

（一）关于有效教学的影响因素

学者将有效教学的影响因素集中在四个方面：课程设计、教学质量、教师激励和课堂教学时间。其中，课程设计是指教师运用学习理论，根据课堂教学要求进行教学设计的过程；教学质量是教学的评价标准，包括促进学生发展目标的达成和发展程度的评价；教师激励是指促进教师思考课堂教学效率的问题，考虑教学效果是否达到既定目标；课堂教学时间是指教学时间与学习发展的程度是否协调一致。有学者研究发现，提高课堂教学效率的方式可以从教师的教学观念、课堂教学实践、教学与课程实施的逻辑结构和教与学的方式及课堂管理模式进行思考，这涉及教师、学生和环境等系统因素对课堂教学效率的影响。因此，改变课堂教学环境和相关资源配置是一种提高课堂教学效率的途径。同时，多种媒体的有效利用和媒体资源的优化配置，以及根据不同的学习场景和知识认知要求形成相应支撑的混合学习等方法，也可以有效提升课堂效率。

（二）关于有效教学行为的分析

研究表明，有效教学的行为和方式对课堂教学效果产生了显著影响。学者通过实证研究和反向分析得到了相同的结论，即教师的教学管理能力、教学监控能力、学生监控能力和知识理解能力对课堂效率有不同程度的影响。在有效教学行为模式中，教师幽默风趣的教学风格能够提高学习效率，严谨的课堂组织形式也是重要因素。现实中，教师的风趣幽默能力在很大程度上是天赋，并需要一个宽松的组织环境进行培养。对于教师逻辑性和严谨性的课堂组织方式的要求也较高，需要有一定的难度。但教学管理能力、教学监控能力和学生监控能力这些基本技能对于一般的教师来说都可以掌握。通过采用混合学习的方式可以降低有效课堂的教师障碍，增强教学效果。因此，混合学习是一个具有现实支撑的方法，能够在提高课堂效率的同时减轻教师的工作负担。

（三）关于有效教学的策略

关于有效教学的研究成果已经相对较为丰富，并且在实践中具有很高的价值。针对提升课堂教学效果的策略，研究者提出了优化教学流程的方式，例如，通过提高教师的课前准备、教学实施和教学评价等策略，运用有效的教学技术和有效的课堂环境提升有效教学的基础。一些学者提出实训与理论深度结合的方式提高课堂效率，同时，也有一些通过组织不同媒体提升课堂教学效率的方法。这些策略展示了有效教学的多元内涵和表达方式，为提升课堂教学效果提供了实用的指导。

三、有效教学对混合学习的价值

总的来说，有效教学的研究已经取得了较多的成效，但其实质并没有脱离四大学习理论构建的整体特征，只是充分利用学习理论进行的模式、方法和应用层面的处理与理解。相比之下，混合学习则更加注重教学效率和不同资源支撑的成效，具有更大的实践价值。

第五节　自我导向学习理论

自我导向学习这一术语最早由塔富（Tough）于 1966 年提出。自我导向学习是一个以学生为中心的学习过程，主要体现在学生自主设立学习目标，自我规划、选择学习资源，自我监控、反思、评价和调整学习过程的能力。同时，自我导向学习还表现为学生对学习内容的选择、学习方式的选择、学习进度的掌握等具有高度的灵活性。此外，自我导向学习还具有与社会环境脱钩的特点，学生可以根据自身的需要和兴趣开展学习活动，而不受到社会环境的制约。自我导向学习的目的在于帮助学生充分发挥自身潜能，形成自我学习的习惯和能力，不断提高自身的学习效能和自我发展的能力。研究表明，自我导向学习有以下几个特征。

（1）自我导向学习具有自主性。自我导向学习具有强烈的自主性，学生可以自主决定学习目标、选择学习资源以及学习方式，不受其他因素的限制和干扰。

（2）自我导向学习具有灵活性。学生可以自主选择学习内容和方式，以满足不同的发展需求。此外，学生也可以随时随地进行学习，因此，不受地点和时间的限制，从而具有终身性特征。自我导向学习的灵活性也为学生提供了更多的选择，使其能够更加有效地实现学习目标。

（3）自我导向学习强调内外结合。自我导向学习是内部过程和外部动作的有效结合。学者拉尔夫 G.布罗克特（Ralph G Brockett）和罗杰·哈姆斯特拉（Roger Hiemstra）将学习中的自我导向分为作为教学方法的自我导向学习和作为个性特征的学生的自我导向。自我导向学习旨在实现学生"外在"和"内在"的平衡、"自我"和"他人"的辩证结合。在学习过程中，学生不仅需要摄取历程取向中的外部因素，如教师的指导和教学资源，也需要关注个人取向中的内部因素，如自我激励和自我评价，从而做到个人内部与外部的统一。

（4）自我导向学习强调批判性思维。批判性思维通过分析信息获取意义，内部责任与外部"共享性控制"共同构建知识的有效性。因此，批判性思维与自我导向学习密切相关。自我导向学习离不开学生批判性思维的影响和支配，因为自我导向学生本身就是批判性思维者。

（5）自我导向学习注重小组式学习。自我导向学习的类型可以分为独立式、个人式、集体式和小组式四种。小组式自我导向学习是其中效果最佳的一种。在小组式自我导向学习中，学生可以参加小组学习活动，与其他成员共同学习、互通有无，利用各自收集的学习资源补充小组学习中缺乏的部分。小组成员之间很容易形成开放、和谐、温馨的氛围，自我导向学习的促进者会提供需求清单，学生可以根据自身需求拟定学习目标，选择合适的学习方法并制定学习契约，以监督自身和他人。在学习过程中，各成员可以根据计划进行学习，并互相分享经验和资源。最后，学生可以评估成果，实现自我价值。这些方法和策略可以很好地迁移到各层次的教学过程中，特别是混合学习的各种教学模式中。

一、自我导向学习的内涵

自我导向学习（Self-Directed Learning）源自 20 世纪 60 年代的成人教育，是一种被广泛认可的学习方式，尤其适用于高等教育。然而，当前存在一个明显的事实是，自我导向学习缺乏被广泛接受的普遍定义，这在相关研究中已经被证实。

自我导向学习最初由塔夫（Tough）提出，他将其定义为"由学习者自主制订学习计划和引导学习活动的自我教学"。苏珊·威尔考是自我导向学习的倡导者之一，她将自我导向定义为"学员在整个学习过程中自主制订学习计划、自我执行学习计划并对学习结果进行自我评估"。诺尔斯（Knowles）是著名的教育家，他于 1975 年对自我导向学习做出了定义。他认为，自我导向学习是个体主动地判断自身学习需要、制定学习目标、选择适当的学习策略，并评价学习结果的过程。这种自我导向过程观被许多研究者认可。这些定义可以视为对自我导向学习的一种理解，即从学习过程的角度出发，将自我导向学习视为一种教学方法和学习过程。

自我导向学习的定义并不是唯一的，鲍惠斯（Bolhuis）、卡里森（Carrison）和古列尔莫（Gugliemino）均提出了自己的定义。鲍惠斯和卡里森将自我导向学习视为学生对于自己学习过程的责任与管理，需要将自我管理和自我监控融合在一起。具体来说，自我管理包括社会情境、资源和行为等方面，而自我监控则是指学生控制、评价和调控认知学习策略的过程。古列尔莫则将自我导向学习定义为具备自我训练能力和强烈学习欲望与信心的学生，他们能够自主地引发学习并独立进行，具有基本的学习技巧，能够安排适当的学习步骤、完成学习计划和有效利用资源进行学习。这几种定义都是从学生的内在特征和发展的角度出发的，强调学生的责任感和自我激发动机等，可以归类为"个性特征观"的理解。在这种理解下，自我导向是一种人格倾向或特征，表现为独立和自主的内部心理依据，是学生在行为中表现出的对自我导向学习的一种心理倾向，也被称为"学习者的自我导向能力"。

二、自我导向学习的特点

自我导向学习的自主性是其首要特点之一。学生在自我导向学习中是学习过程的主动者，可以自主选择学习目标、制订学习计划、控制学习进程，根据实际情况进行自我评价和调整学习策略。整个学习过程是学生在自主学习实践中不断探索和自我学习的过程，这种学习方式比较适合具有高度自主性的学生。

其次，自我导向学习具有灵活性和普遍性。它不受时间和空间的限制，学习内容广泛丰富，学习场所也灵活多样，适合各行各业人员。自我导向学习不仅仅考虑到学生的个别差异，更重要的是能够满足不同学生的需求。学生可以根据自己的特点、需求和知识经验，灵活选择适合自己的学习内容和方式。这种普遍而灵活的学习方式，可以使学生获得应有的发展。

自我导向学习具有终身性，这是因为现代社会的科技发展、知识更新速度的加快和信息化时代的到来对人才的素质提出了更高的要求。一个人要实现自己的人生价值并持续进步和发展，唯一的办法就是不断地学习、学习、再学习。自我导向学习是终身学习的一种基础，它强调学生在学习过程中的自主性和独立探索精神，可以让学生更好地适应不断变化的社会环境和学习需求。

三、自我导向学习对混合学习的价值

自我导向学习理论应包括环境、个人、社会变量及学习结果等的关系。然而，在自我导向学习中，经常忽视对心理变量的控制，这就会受到批评。在混合学习中，自我导向学习主要是学生利用网络资源进行自我调控，如拟定目标和控制学习进度。

第三章　信息技术与教育教学深度融合

在 21 世纪，信息技术的快速发展对教育产生了深远影响。它不仅改变了我们的生活方式，也改变了我们的学习和教学方式。信息技术已经从单一的辅助教学手段发展成为一种认知工具，尤其是学生自主学习的认知工具。《基础教育课程改革纲要（试行）》强调要广泛应用信息技术，促进信息技术与学科课程的整合，实现教学方式的变革，为学生提供丰富多彩的教学环境和学习工具。信息技术为教师提供了更多灵活性和自主性，使教师可以更好地适应学生的个性化学习需求，增强教学效果。

信息技术是当前广泛应用于教育教学的最活跃因素之一，它以特有的方式深刻地影响着教育教学的各方面，并对其提出了新的要求，形成了教育信息化这一全新的教育形态。随着信息技术的发展和应用，教育信息化和网络化成为不可逆转的教育发展趋势，教育信息化水平已经成为现代化水平的重要标志之一。

第一节　信息技术的内容与学科融合的基础

信息技术与课程整合是教育信息化的核心，已经对教育产生了深刻的影响。通过整合课程和信息技术，可以创造出更为灵活、丰富的教学内容和方式，进而促进教育教学的变革。然而，为了实现整合的目标，必须以科学的理论为指导，将教育理论与实践相结合，以提高整合实践的效果和质量。

一、教学结构理论

随着信息技术在教育教学中的广泛应用，教学媒体已成为实现教学目标、优化教学过程、拓展教学内容、改变教学方式等方面的重要工具。因此，传统的教师、学生、教材三个要素已经转变为教师、学生、教材、教学媒体四个要素，这种改变充分展示了教学媒体在教育教学中的重要性。在系统论的观点下，这四个要素相互联系、相互作用，形成了有机整体，而这个有机整体的具体表现就是教学结构。教学媒体的应用不仅具有巨大的前景和发展空间，也为教学领域提供了更广阔的发展空间。

（一）教学结构的定义和特征

教学结构是在教育思想、教学理论、学习理论的指导下，由教师、学生、教材、教学媒体四个要素相互联系、相互作用而形成的教学活动进程的稳定结构形式。教学结构是按照一定的思想理论组织教学活动进程的方式，它包含了教育思想、教学理论和学习理论的核心要素。同时，教学结构具有依附性、动态性、系统性、层次性和稳定性等特征。

1.依附性
教学结构是非常依赖教育思想、教学理论和学习理论的，不同的指导思想和理论必然导致不同的教学结构。相比之下，教学策略和教学方法并不一定具备这种依附性，也就是说，相同的教学策略和方法可以在不同的教育思想与学习理论指导下被采用。这种理论依附性是教学结构与教学策略、教学方法最本质的区别。

2.动态性
教学结构是教学活动进程的稳定结构形式，必须在教学活动进程中表现出来，因此具有动态性。与之不同，教学策略与方法可以脱离教学进程而独立存在，例如，教学内容的组织策略与组织方法，以及教学资源的管理策略与管理方法。这意味着教学策略与方法在很多情况下是静态的而不是动态的。这种区别是教学结构与教学策略、教学方法之间的本质特性之一。

3.系统性

教学结构是由教学系统的四个要素（教师、学生、教材、教学媒体）在教学活动进程中相互作用、相互联系而形成的稳定结构形式。如果缺少其中的一个或两个要素，那么就不可能具有这种结构形式。因此，教学结构是教学系统整体性能的体现，而不是系统局部性能的体现，更不是某个要素的个别特性或某几个要素的若干种特性的体现。相比之下，教学策略与方法可以只与其中的一个或两个要素相关联，而不必同时与四个要素相关联。因此，区别教学结构与教学策略、教学方法的第三个本质特性在于是否与教学系统的整体性能相联系。

4.层次性

教学结构是由四个要素相互联系、相互作用形成的，其中，教材与学科密切相关。在不涉及具体学科内容的情况下，我们可以讨论不同学科共同遵循的教学结构。同时，在同一学科内，不同教学单元中也可能存在不同的教学结构，从而表现出教学结构具有层次性。举例来说，中学物理中的力学、热学、声学、光学等不同教学单元中的教学结构，或者某个教学单元内的某节课的教学结构，都可能存在不同的教学结构形式，从而展现出教学结构的层次性特征。

5.稳定性

教学结构具有稳定性，这是因为它与特定的教育思想、教学理论和学习理论密切相关。

教学结构是一种稳定的结构形式，与教学策略、教学方法完全不同。教学策略是指教学方面的指南和处方，按照瑞奇鲁斯的分类，共有三类：教学组织策略、教学传递策略和教学管理策略，与教学结构不同。而方法则是解决问题的思想、窍门和程式，也不同于教学结构的定义。因此，教学结构、教学策略和教学方法是教学过程中三个不同的概念。

教学结构和教学模式是不同的概念，不能混淆。虽然它们之间存在密切关系，但任何教学结构都需要一种教学模式才能实现，而新型的教学结构则需要全新的教学模式实现。教学模式属于教学策略或教学方法的范畴，但它又不等同于教学策略或教学方法。教学策略或教学方法一般指在教学中采用的某一种策略或某一种方法，而教学模式则是指两种或两种以上教学策略或教学方法的稳定组合。因此，教学模式可以看作教学结构中教学策略和教学方法的具体实现方式。

在教学中，为了实现预期的效果或目标，需要综合运用多种不同的策略和方法。例如，在教学过程的起始阶段可以采用"先行组织者"策略，在讲解新知识的重点、难点阶段可以运用"课件演示"方法，在巩固新知阶段可以选择自主操练或小组协商的策略或方法等。这些教学策略或方法的联合运用可以形成一种稳定的教学模式，能够实现同一种教学结构的教学模式有很多，而且因学科和教学单元而异。

（二）现行的两种教学结构

目前，在各级各类学校中，主流的教学结构可以分为两大类：以教师为中心的教学结构和以学生为中心的教学结构。这两种教学结构在教师、学生、教学媒体和教材四个教学系统要素上有不同的特点。

1.以教师为中心的教学结构

在中国，20世纪90年代以前的教学结构主要以教师为中心。这种教学结构有四个显著特点。

（1）教师是主动的知识传授者，课堂教学的主宰者，全程监控教学进程。

（2）学生是被动的知识接收者，完全依赖于教师的引导和指导。

（3）教学媒体是辅助教师教学的演示工具和形象化教学工具。

（4）教材是学生学习的主要来源和唯一内容。

在以教师为中心的教学结构中，教师、学生、教学媒体、教材四大要素表现出如下六个特点。

（1）教师在教学中充当知识传授者，向学生传递大量知识和信息。而学生则处于被动接收的状态，只是偶尔对教师的讲授内容做出反应或提出疑问。

（2）教材是教学不可或缺的组成部分，教师需要根据教材安排教学内容，因此，教材在教学过程中具有重要的作用。教师一般不会对教材进行大规模修改或变动，而是在教学过程中结合自身的经验和学生的情况对教材进行适当的调整与解释。

（3）教学媒体是教师的演示工具，常见的包括粉笔、黑板、幻灯和投影等传统媒体。

（4）教材是学生学习的主要内容之一，但其内容大多通过教师讲授向学生传递，学生通常在课后通过教材复习和系统化所学内容。然而，学生对于教材内容很少产生怀疑或变更，通常是被动接收的。

（5）学生在课堂学习中主要通过教学媒体获取教师的信息和观点，但教学媒体提供的信息是有限的，因此，教学仍主要依赖于教师的讲解。学生一般不会对教学媒体进行操作或控制，只能被动地接收教学内容。

（6）教学媒体的选择和设计基于教材（教学内容），教材的类型和表现形式是教学媒体的前提。

以教师为中心的教学结构，其优点在于教师能够更好地组织和监控教学活动，并与学生建立良好的情感交流，有助于系统传授各学科知识和继承前人经验。同时，它能够充分考虑情感因素在学习中的重要作用。然而，这种结构的缺点在于忽视了学生在学习中的主体地位，课堂完全由教师主导，不利于培养具有创新思维和创新能力的创新型人才。因此，该教学结构培养的绝大部分人才是知识应用型人才而非创新型人才。

2.以学生为中心的教学结构

学生为中心的教学结构是20世纪90年代以来，随着教育改革的不断深入和多媒体、网络技术的普及而逐渐形成的。这种教学结构有四个特点。

（1）学生是信息加工的主体，他们不应该只是被动地接收知识，而是应该积极参与知识的建构。

（2）教师的角色是协助学生自主建构知识的帮助者、促进者。

（3）教学媒体应该成为学生自主学习的有力工具，帮助他们理解和掌握知识，促进协作交流。

（4）教材并不是学生唯一的学习来源，他们可以通过自主学习获取更多的知识。

以学生为中心的教学结构设计需要关注自主学习策略和学习环境两个方面。前者通过各种学习策略激发和帮助学生主动建构知识的意义，后者则是学生主动建构创造必要的环境和条件。这种教学结构突出的优点是有利于学生的主动探索和主动发现，有利于创造型人才的培养。然而，这种教学结构也有一些缺点。它往往忽略了教师主导作用的发挥，忽视了师生之间的情感交流和情感因素在学习过程中的重要作用。当学生自主学习的自由度过大时，还容易偏离教学目标的要求。

（三）"主导—主体"教学结构

教学结构是影响学生学习效果的重要因素之一。以教师为中心的教学结构强调教师的主导作用，但也容易导致学生缺乏主动性和创造力，无法真正理解和掌握知识。而以学生为中心的教学结构则过分强调学生的自主性，忽视了教师在教学过程中的重要作用。因此，"主导—主体"教学结构是在这两种教学结构的基础上发展而来的，旨在发挥教师的主导作用，同时，也充分体现学生在学习过程中的主体地位。

在"主导—主体"教学结构中，教师不再是唯一的知识灌输者，而是教学过程的组织者和指导者，帮助学生建构知识意义。同时，学生成为信息加工的主体和知识意义的主动建构者，通过各种教学资源进行学习，其中，教材只是其中之一。教学媒体则既是形象化教学工具，也是协作学习、讨论交流的工具和认知工具与情感激励工具，有利于学生自主学习和协作探索。相比于以教师为中心的教学结构，这四个要素在"主导—主体"教学结构中发挥着不同的作用，彼此之间存在着不同的关系，有利于提高学生的自主性和创造性，促进创造型人才的培养。

在"主导—主体"教学结构下，学生可以在教师选择和设计过的资源中，处于开放式和互动的学习环境中。这有利于学生的主动性和积极性的发挥，同时，也有助于创新思维和实践能力的培养。教师通过设计教学内容、教学媒体和学习活动，使学生在学习过程中既有很大的自主权，又不会偏离学习方向。此外，学生还可以在适当的时候得到教师、专家或伙伴的指导，从而提高学习效率。

二、建构主义理论

建构主义是一种关于知识和学习的理论，强调学习的社会性、情境性和学习的主动性，对教育理论产生了深刻的影响。建构主义认为，学习是学生在特定情境下，借助他人的帮助和学习资料，在原有知识经验的基础上构建意义和理解的过程。这一过程常常是在社会文化互动中完成的，因此，建构主义理论将情境、协作、对话和意义建构看作学习环境中的四大要素或属性。通过这种理论，学生能够更好地发挥自己的主动性和创造性，同时，也能够在适当的情境和教师、专家或伙伴的指导下提高学习效率。

建构主义理论以学生为中心，强调学生的主动探索、发现和对所学知识的主动建构。认识学习的建构性既是认识学生主体性的关键，也是符合学习本质的。建构性学习有利于发掘人脑的潜力，促进人的整体、可持续发展。它不是一种具体的学习方法，而是人们探索、认识和发现世界的方式。因此，建构主义被视为一种新的、更加人本主义的学习理论，对教育改革和教学实践产生了积极的影响。

多媒体技术和网络技术在教育中的应用，为建构主义提供了有力支持。这些技术的广泛使用，使建构主义逐渐成为各级学校教学的理论基础，也推动了信息技术与课程整合的发展。

（一）建构主义教学理论

建构主义在知识观、学生观、学习观等方面提出了新的理解和解释，与传统学习理论和教学思想不同。这种理论对于课程整合、教学设计和改革有着重要的指导意义。

1.建构主义的知识观

（1）传统的知识观认为，知识是客观、无疑问和固定的。然而，建构主义认为，知识并非对现实的准确表达，也不是放之四海而皆准的教条或问题的终极答案。相反，知识只是一种解释和假设，随着人们对事物认识的深入不断改写、升华和变革，产生新的解释和假设。这种知识观的转变引发了对教学方式的重新思考，强调学生的主体地位和探究精神，以及重视创造性和批判性思维。

（2）建构主义认为，知识并不能完全准确地描述现实，也不能提供针对所有问题的解决方法。在具体问题中，知识需要重新加工和创造才能被应用，不可能一用就准确有效。

（3）知识并非实体存在于个体之外，虽然通过语言符号给予其外在形式，并得到较广泛的认同，但这并不意味着学生会对这些命题有相同的理解。因为理解是基于个体自身的经验背景建构的，取决于具体的学习过程。知识在学生的主体中建构，通过与环境互动和经验交流得以深化及丰富，成为个体独特的理解和认知结构，而不是一个固定的客观实体。

2.建构主义的学生观

（1）建构主义认为，学生在学习时并不是空白的，而是具有自己的知识和经验。这些知识和经验来源于他们在日常生活中的各种体验与以往的学习经历。即使学生从未接触过某些问题，也会基于他们已有的知识和经验，通过认知能力，尝试解释问题并提出假设。在这个过程中，学生的理解不仅仅是通过被动地接收信息，更是通过主动地建构自己的知识体系。

（2）传统的教学方法强调教师的权威和知识的传递，但建构主义认为教师应该重视学生自身的知识经验。因此，教学应该将学生原有的知识经验视为新知识的生长点，引导学生从中获得新的知识经验。教师不应该简单地填充知识，而是应该引导学生将已有的知识转化为新的知识。在这个过程中，教师应该倾听学生的看法，思考他们想法的来源，并根据这些信息进行教学。教学不应该只是知识的呈现，而应该是知识的处理和转换。因此，教师应该尊重学生的认知能力，通过引导学生的思考和探究促进学生的知识获取。

（3）建构主义认为，在学习过程中，教师应该起到引导作用，促进学生通过探索和交流共同构建知识。学生之间的经验背景不同，因此，对问题的看法和理解也不同，但这种差异可以成为学习共同体中的宝贵资源。教师应该充分利用这些资源，引导学生相互交流、质疑和了解彼此的想法。虽然建构主义重视个体的自我发展，但教师的外部引导也是非常重要的。

3.建构主义的学习观

（1）学习并非教师简单地传递知识给学生，而是学生自己建构知识的过程。学生不是被动地接收信息，而是主动地建构知识，这一过程不可代替。

（2）学习并不是简单的信息刺激与被动的接收，而是一种主动地建构意义的过程。学生会依据自己的经验背景，对外部信息进行选择、加工和处理，从而得出个人的意义。信息本身并没有固定的意义，而是由学生通过新旧知识之间的相互作用建构出来的。因此，学习不同于行为主义描述的"刺激—反应"模式。

（3）学习的意义并不是简单地接收新信息，而是学生根据自己原有的知识经验对新信息重新认知和编码，建构出自己的理解。在这个过程中，学生的原有知识经验因为新知识经验的加入而发生调整和改变。

（4）学生的认知结构可以通过同化和顺应两种途径与方式发生变化。同化是结构的量变，顺应则是结构的质变。在平衡与不平衡之间循环往复，人类的认知水平得以发展。学习并不仅仅是简单的信息积累，更重要的是新旧知识经验的冲突以及由此引发的认知结构重组。学习过程不仅仅涉及信息输入、存储和提取，更是学生与学习环境之间互动的双向相互作用的过程。这种相互作用促进了学生对知识的重新认识和编码，使学生的认知结构不断得到调整和改变。

（二）建构主义教学方法

建构主义认为，教育并不是简单地把知识灌输给学生，而是通过创设有效的学习情境，帮助学生在原有的知识和经验的基础上建构新的知识与经验。在这个过程中，教师应该以学生为中心，利用情境、合作、对话等学习环境要素，充分发挥学生的主动性和积极性，通过教师的组织、指导、帮助和促进，帮助学生有效地实现对当前所学知识的意义建构。由此可见，在建构主义教学模式中，学生是知识意义的主动建构者，教师是教学过程的组织者、指导者和意义建构的帮助者、促进者，教材不再是教师传授的内容，而是学生主动建构意义的对象。媒体则作为学生主动学习、协作式探索的认知工具，用来创设情境、进行合作学习和对话交流。支架式教学、情境性或抛锚式教

44

学和随机进入教学是建构主义的主要教学方法。这些方法不仅注重学生的主动参与，也强调学习过程中的合作、交流和反思，帮助学生在原有知识经验的基础上建构新的知识经验。

1.支架式教学

支架式教学是建构主义的一种重要教学方法，其主要特点是为学生建构知识理解提供概念上的框架。这个框架中的概念是为了发展学生对问题进一步理解所需的，因此，教师要把复杂的学习任务分解成简单的任务，逐步引导学生的理解。在支架式教学中，教师扮演的角色是组织者、指导者和支持者，将复杂的知识分解为易于理解的部分，并在学习过程中提供必要的支持。支架式教学的实质是利用概念框架作为学习过程中的脚手架，将学生的智力提高到更高的水平。教师的教学就像学生建筑的脚手架，支持学生不断建构自己的知识和能力。

支架式教学的思想起源于苏联心理学家维果茨基的最近发展区理论，该理论认为，儿童的智力发展应至少考虑两个水平：实际发展水平和潜在发展水平，两者之间的差距称为"最近发展区"。支架式教学的"支架"应根据学生的最近发展区建立，以引导学生探索问题情境、完成意义建构。教师应事先分解复杂的学习任务，引导学生从简单的任务开始，逐步提高智力水平。支架教学中的"支架"是一种概念框架，用于建立问题情境和引导学生完成小组交流与独立探索，从而提高学生的智力水平。支架式教学思想是一种针对学生潜在发展水平的教学方式，旨在创造新的最近发展区，引导学生逐步提高智力水平。

2.情境性或抛锚式教学

建构主义是以对学习过程的理解为基础，对传统教学进行批判，提倡情境性教学。情境性教学要求教学应该基于真实的事件或问题，这样整个教学内容和进程就被固定下来。因此，确定实际问题或真实性事件被比喻为"抛锚"，教学被称为"抛锚式教学"。

建构主义者认为，要让学生对所学知识建构深刻的理解，最好的方法是让他们到现实环境中去体验和感受，即通过直接经验来学习。因此，建构主义者批判传统教学，并提倡情境性教学。抛锚式教学被认为是一种情境性教学，因为它以问题或真实任务为基础，要求学生在实际情境中进行学习。"实例式教学"和"基于问题的教学"也是抛锚式教学的同义词。

情境性或抛锚式教学有以下具体要求。

首先，情境性或抛锚式教学要求学习发生在与现实情境相类似的情境中，以解决学生遇到的实际问题为目标，选择真实性的任务，不做过于简化的处理，以免远离真实的问题情境。

其次，情境性或抛锚式教学类似于现实问题解决过程，需要的工具常常隐含于情境中。教师应提供问题解决的原型，并引导学生探索，而不是仅仅传授预先准备好的内容。

再次，情境性或抛锚式教学不需要独立于教学过程的测验，因为问题解决的过程本身就能反映学习效果。

情境性或抛锚式教学的一个显著特点是强调问题解决的过程，而不是解决结果本身。在这个过程中，学生的观点和策略被鼓励与接受，这有利于培养学生的批判性思维和创新能力，使他们能够从不同角度和思维方式去解决问题。此外，情境性教学还能促进学生的协作和交流，他们可以通过合作、讨论和分享知识解决问题，从而增强彼此之间的合作和沟通能力。

最后，情境性教学也能够培养学生的实践能力，因为在解决问题的过程中，学生必须采取行动并应用所学知识解决实际问题。所以情境性或抛锚式教学对于提高学生的学习效果和培养学生的综合素质具有重要意义。

3.随机进入教学

为了全面了解和掌握事物内在性质与事物之间相互联系，需要从不同的角度去审视同一事物或问题。在教学实践中，为了克服单一视角的弊病，可以在不同的时间、不同的情境下，用不同的方式呈现同一个教学内容，以实现不同的教学目的。这样的教学方法可以帮助学生从多个角度理解问题，发掘问题的多面性和复杂性。同时，学生也能通过不同的教学方式，获得不同的学习体验，增强对所学知识的掌握和理解。换言之，学生可以通过不同的途径和方式多次进入同一个教学内容，以获得对同一事物或问题多方面的认识和理解，这被称为"随机进入教学"。这种学习方式不同于传统教学中简单的重复和巩固，每次进入都有不同的学习目的和问题侧重点，因此，多次进入的结果将使学生获得对事物全貌的理解和认识上的飞跃。

随机进入教学的理念源自建构主义学习理论的一个新分支——认知灵活性理论，旨在提高学生的理解和知识迁移能力。通过在不同时间、不同情境下、为不同目的用不同方式呈现同一教学内容，随机进入教学要求学生以灵活的方式理解知识，实现知识的迁移和应用。这种方法能够帮助学生深入掌握知识，培养他们的认知能力和应用能力。认知灵活性理论要求学生不断反思自己的学习过程，从而促进其对所学知识的理解和掌握。

三、多元智能理论

多元智能理论（Multiple Intelligence）是 20 世纪 80 年代由美国心理学家加德纳（Howard Gardner）提出的，被广泛应用并对各国教育改革产生影响。他认为每个人身上都不同程度地同时拥有七种智能：言语/语言智能（Verbal/Linguistic Intelligence）、人际交往智能（Interpersonal Intelligence）、音乐/节奏智能（Musical/ Rhythmic Intelligence）、人自我内省智能（Intrapersonal Intelligence）、数理/逻辑智能（Mathematic /Logical Intelligence）、视觉/空间智能（Visual/SpatiaI Intelligence）、肢体/运动智能（Bodily/Kinesthetic Intelligence）。1995 年，加德纳提出了自然观察智能（Naturalist Intelligence）和存在智能（Existential Intelligence），这样便形成了九种智能，但常用的是前八种智能。加德纳认为，人的智力应该是解决问题的能力指标，而传统的智力定义过于狭窄，未能正确反映一个人的真实能力。根据多元智能理论，每个人的智力都有其独特的遗传基础，各种智能之间的不同组合会表现出个体间的智力差异。由于每种智能使用的资源不同，它们的信息加工过程也不同。这一理论在各国教育改革中被广泛应用，对于提高学生的学习效果具有重要的影响。

（一）多元智能理论的基本观点

多元智能理论指出，每个人都具备至少八种智能，这些智能可以通过环境影响和教育来开发，大多数人可以将每种智能发展到很高的水平。这意味着一个人不仅具有某一种智能，在大多数情况下，问题的解决通常需要将多种智能组合起来。九种智能模式只是目前所知的暂时性分类，因为仍然可能存在其他智能。另外，每种智能都有多种表现形式，例如，音乐智能包括演奏、歌唱、写谱、指挥、批评和鉴赏等次智能。因此，一个人可能擅长作曲，但不善于歌唱，或者对于演奏乐器没有天赋，但是很善于批评和鉴赏音乐。此外，每个人都可能拥有其他智能，而这些智能可以通过适当的培养和指导得到发展。

（二）在信息技术与课程整合中促进多元智能的发展

信息技术与多元智能的内在联系非常密切，能够为学生智能的全面发展提供支持。根据多元智能理论，教师在教学活动中应该综合运用多样化的教学方法，以兼顾多种智能领域的学习内容，提供有利于多元智能发展的学习情境，让每个学生的各种潜能都有获得充分发展的机会。在信息技术环境下的课程教学中，信息技术与课程整合促进学生多元智能发展主要可以从以下四个方面实现。

1.利用信息技术作为多元智能发展的活动平台

信息技术的特性能够创造出适应性、触发性、沉浸性和诱导性的学习环境，特别是计算机、多媒体、网络技术、虚拟现实和人工智能等技术，能够通过声音、图形、色彩等多重感官刺激为学生提供丰富的学习资源和意境化的学习情境。这种丰富多彩的感觉世界能够激发、诱导和强化学生的多元智能发展，成为高效的学习平台。

2.利用信息技术为多元智能发展创设丰富的基于活动的学习

为了促进学生多元智能的发展，需要在多样化的活动情境下展开学习。在学科教学实践中，可以充分利用信息技术手段，将信息技术的特点与学科课程有机地结合起来，创设丰富多彩的学习情境，从而为学生提供基于活动的多样化学习的机会，这种学习方式能够高效地开发和发展学生的多元智能。

3.利用信息技术促进学生优势智能的发展

信息技术是促进学生多元智能发展的关键。利用多元智能理论和相关的信息技术手段，可以帮助学生在教学和学习实践活动中发展各种智能。例如，使用打字帮手、文字处理软件、多媒体演示工具、故事光盘、网页制作等工具可以发展学生的言语/语言智能；使用计算机辅助设计、制图工具、科学程序软件、批判性思维软件、数据库等工具可以开发和发展数学/逻辑智能；使用动画程序、几何学软件、建模工具软件、虚拟实验室等工具可以发展学生的视觉/空间智能。通过根据学生个体的特点选择不同的信息技术手段，将多元智能理论和信息技术有效结合，可以为学生提供适合的学习情境和丰富多彩的学习资源，从而促进学生多元智能的发展。

4.利用信息技术作为多样化的学习和评价工具促进发展

目前，教学评价正在朝着师生多元化的方向转变。评价内容不再仅仅局限于学生的学习成绩，而是更注重评价学生的素质；评价方式也不再是传统的单纯打分或划分等级，而是采用定性评价、量化评价等多种方式；评价过程也不再是仅仅关注静态的评价结果，而是更加注重动态评价学生的整个学习过程。此外，信息技术的广泛应用也为学生的多元智能开发和发展提供了丰富的学习与评价工具。具体来说，信息技术主要表现在以下六个方面：第一，作为效能工具，可以帮助学生提高学习或工作效率，并成为学生机体能力的延伸和拓展；第二，作为信息获取工具，信息技术可以为学生提供更广泛、更深入的信息；第三，作为情境创设工具，信息技术可以为学生创造更加真实、生动的学习情境；第四，作为交流/通信工具，信息技术可以促进学生之间的交流和协作；第五，作为认知工具，信息技术可以帮助学生更好地理解、记忆、理解和应用知识；第六，作为评价工具，信息技术可以帮助教师更准确地评价学生的学习情况和发展水平，从而更好地促进学生全面发展。

教师可以根据多元智能理论及其表现特征了解每个学生具备哪些智能强势，从而有针对性地开展教育，发展个体的长处，弥补其不足，最大限度地发挥学生的潜能，促使学生获得人生的最大成功。

第二节 对信息化与基础教育课程深度融合的认识

一、教育信息化的基本目的，是推动中国高等教育的变革和发展

仅仅拥有最先进的信息技术设施和使用现代信息技术手段并不足以实现教育的根本目标。随着经济社会的发展和学生实际需求的增加，选择最佳的教育资源，甚至在国内和全球范围内选择最优秀的资源，是提高教育质量和效率的必要途径。这一过程就是信息技术和教育教学的融合，只有这种融合，才能反映出信息技术对教育教学变革和社会发展趋势的重要影响，这才是教育信息化的核心。

二、"融合"并非一般的信息技术运用，而是信息技术和教师课程的互动

信息化对教育教学改革的促进功能体现在两个方面：一方面，要进入整个教育教学过程，逐步变革传统教学模式，建立全新的教学内容与管理模式；另一方面，为了实现全新的教育教学理念与模式，需要有与之相适应的计算机技术进行支持，同时，给计算机技术的发展指明了新的发展方向。因此，信息技术与教育教学的融合发展是不可分割的。

为了使每位教师都能够意识到教学需要进行结构化改革，不仅仅是利用科技改善教学环境和方法，更需要建立新的以学生为主体的教学框架，因此，《教学信息化建设十几年计划》中提出了"互联网要与高等本科院校深度融合"的新理念和方法。这种融合将高等本科院校的教育与互联网技术结合起来，以提供更有效的教学资源和教学方法，同时，要求互联网技术得到更深入的应用和发展。这种融合并不是简单的技术交叉，而是在新的理念和方法指导下的全新模式，是教育信息化的内在理论实质和具体含义。

三、教育信息化的意义

教育信息化是现代高等教育发展的强大动力与支持。教育信息化不仅可以广泛共享优质教学资源，推动教育资源的公平，还能有效改善中国高等教育品质，构建学习型社会。此外，教育信息化还有着特殊的意义，能在创新教育模式和培育具备全球竞争力的创新型人力资源方面发挥重要作用。因此，以教育信息化推动高等教育的现代化发展，破解制约中国发展的关键问题，推进高等教育的改革与创新是非常必要的。在这一过程中，教育信息化的力量和支持至关重要，必须充分发挥其优势，为中国高等教育的现代化和可持续发展做出积极的贡献。

四、实现教育信息化的手段、途径和方法

要充分利用现代技术优势，实现教育信息化与教学的深度融合，需要构建中国教育信息化技术与教学策略研究系统。该系统包括以下五个方面。

第一，建立教育信息化技术和装置研发中心以及成果转移基地。

第二，积极进行新一代教育信息技术教学应用的实验研究，开发具有自主知识产权的教育教学信息化技术和装置。

第三，探索教育信息化技术和教学课程的深度融合发展规律，研究在教育信息化环境下的新教学方法。

第四，通过教育信息化实验区和试点本科院校的融合与创新，提出系统解决方案，推动教育技术、装备和教学的融合发展。

第五，建立教育信息化策略研究机构，跟踪、分析国内教育信息化的发展状况和趋势，重新评价教育信息化的发展水平，提供发展战略研究和政策建议，为国家教育信息化决策提供咨询服务和依据。

"深入融入"理念取代"深度整合"理念的目的是找到一条真正可行的路径，实现教育信息化，而不仅仅是改进教学手段和方法。前者强调在改变"教与学条件"和"教与学模式"的基础上，完成系统结构性变化，而后者

只停留在利用信息技术改变"教与学环境条件"或"教与学方式"的较低层次上。因此，"深入融入"理念的本质差别在于其能真正触及教育系统结构性变革方面。

课堂是学生教育的重要场所，特别是中小学教育的主要场所。因此，"课堂教学"必须成为"教育教学"的核心内涵。考虑到"课堂教学结构"在教育教学系统中的重要性，可以将其视为教育教学系统的主要组成部分。因此，改革"课堂教学结构"本身就意味着完成教育教学系统最重要的"结构性变革"，这也是符合逻辑的结论。因此，教育机构应该注重优化课堂教学结构，以推动教育教学的发展和进步。

"本科院校教育系统结构性变革"的确切意义是根本性改革本科院校的课堂结构。课堂结构是指教师、学生、课程和本科院校课堂教育媒体之间相互关系与作用的具体表现。本科院校课堂结构的改革需要真正反映在本科院校课堂教育系统四大要素的角色和功能转换上，教师需要转变为本科院校课堂教育的推手、指导员，本科院校建立积极协助者、推进者和美好品德情操的积极塑造者；学生也不再是本科院校认识传播的主要对象和外部影响的被动接收者，而是本科院校信息加工的主要主体、本科院校了解历史含义的积极构筑者，以及本科院校情感感受和塑造的主要主体；课堂教学技术工具需要根据新的结构进行改变。不再是仅依靠一本教科书，而是以课件为主，并且与内容丰富的网络信息化教育资源（如课程专题网页、各种资源库、光盘等）相结合；教育媒体需要转化为既是教师辅助教学的授课技术工具，又是教师推动学生自主了解的认识技术工具、合作沟通工具，以及教师情感及其内化的主要工具。

国内外信息化教学的成功经验告诫人们，将信息化运用于本科院校教育需要紧紧抓住"改造传统授课结构、建立新式授课架构"这一中心问题。否则，将会面临停滞不前的局面，并付出代价。

信息技术的使用不仅仅是改变教与学自然环境和教与学方法的较低层次，而是要以此为基础，进一步完成系统的结构化改革，即改变传统"以师资为中心"的课程组织结构，建立全新的"以学生为主体"的教学组织结构。这种改革需要教师以学生为中心，把学生的需求放在首位，借助信息技术工具，为学生提供个性化、多样化的学习资源和服务，促进学生自主学习和创造性思维的发展。这也是信息化教育带来的重要变革，可以提高教学效率和学生的学习兴趣，培养学生的创新能力和实践能力，为其未来的发展奠定坚实的基础。

第三节　信息技术与课程深度融合的价值与思路

一、信息技术与教学的深度融合对教师教学发展具有很重要的价值

其一，随着计算机技术的发展，特别是各种社交软件的兴起，教师可以利用这些工具扩大交流空间，更好地满足学生需求。同时，教师与学生可以共享教学资源，并通过社区网络平台解决教学难点。这种方式不仅拓展了学生的学习途径，也增强了教师间的互动和交流。

其二，利用信息教学资源，拓展课堂内容的广度。传统的教学方法通常仅依靠教材内容进行课堂授课，使教学资源受到限制。但在当今信息时代，随着计算机技术的不断发展，各种教育 App 和网站中涵盖了大量的学习和教育资源。教师可以利用这些资源，根据教学需求寻找相关资源，以拓展教学内容的广度和深度。

其三，借助信息化手段，提升学生的复习效果，消除传统教学方法的弊端。传统教学方式通常是教师照着课本讲，学生跟着教师思路听，容易让学生产生倦怠心理丧失学习兴趣。而现代计算机技术和通信科技的发展，使教师可以运用各种手段创设生动多彩的课堂教学环境，使学习过程更富趣味性，提升学生的学习积极性和复习效果。

二、利用信息技术寓教于乐，调动学生兴趣，激发思维

为了让学生对阅读产生兴趣并实现积极学习，教师应充分利用现代技术的优点，创造问题情境并调动学生的阅读兴趣。在英语课堂教学中，传统的单调词汇和虚拟对话模式已无法激发学生的自主性学习，因此，教师应当使用多媒体技术，将声音、语言、图形、物品和场景融入课堂教学，营造生动形象的教学环境。通过这些情境化教学，学生的兴趣会被激发，对话情境也会更加自然，让他们在轻松和谐的氛围中掌握知识，提高自主学习能力。

三、积极运用信息技术，鼓励学生参与学习活动，以激励他们的学习热情

现代信息技术的应用为课堂教学带来了许多好处，不仅可以提高教学效率，还可以营造良好的课堂氛围和激发学生的兴趣。教师可以利用音乐、动漫、视频等多媒体手段为课堂添加生动的背景和情境展示，使学生的视听感受更为丰富，提高学生的趣味性，同时，还可以减少学生的视觉和精神疲惫，为课堂教学带来热情和活力。这样的教学方式可以更有效地唤起学生的兴趣和情感，培养学生的学习兴趣，进而提高学习效果。

综上所述，信息技术与教学的融合在以下三个方面具有重要价值。首先，可以适应教师生活的变化，扩大教师交流空间，让教师能够更好地进行教学。其次，充分运用已有的信息资料，扩大教师课堂教学内容的广度，让学生获得更广泛的知识。最后，改正传统教学方法的缺点，提升学生的学习效率，让他们更加专注和积极地学习。在当前信息时代，计算机技术与教育的融合是不可避免的趋势，这也是本科院校响应国家政策的重要体现。因此，所有高校和教师都应该积极运用计算机技术的教育价值，为社会培养更符合经济社会发展需要的高质量人才。只有这样，我们才能更好地适应时代的发展和进步。

第四章 信息技术与学科融合的模式

第一节 信息技术与学科融合下的教学结构转变

信息技术的有效利用是实现教育与学科融合的关键，能够推动教学内容和方式的改变，实现教师主导与学生主体相结合的教学结构。在传统教学中，教师通常是主导者，往往担心自己的讲解不够详细、清晰，而忽略了学生的学习能力。同时，缺乏多元的交流渠道，无法让学生及时与老师和同学分享学习过程中遇到的问题。这种协作途径的缺失不仅仅让学生失去了与人互助合作的机会，更让整个学习过程变成了个人的"战斗"。近年来，这种教学模式已经被新的教学结构所取代，如图4-1所示。

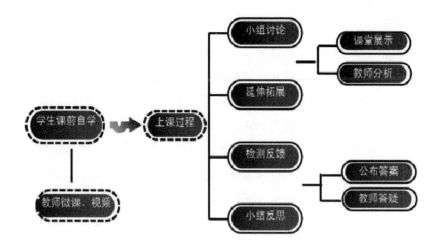

图 4-1　课堂教学结构的改变

这种教学模式分为课前预习、课中探讨和课后反馈三个部分。学生成了课堂的主体，课前自主学习，课堂上以问题为导向进行探讨和辩论，课后将结论和困惑发送给老师，进行深入讨论。教师的角色也由讲授者转变为引领者，用专业知识拓宽学生的视野，与学生共同解决问题。这种教学模式的关键在于强调自主学习，激发学生的主体意识和学习兴趣，从而改善师生关系。

第二节　信息技术与学科融合下的课堂转变

为了支持学生独立学习，教师需要进行无声的引导，而不是完全放任不管。了解学生的学情是实现个性化发展的关键，而信息技术在这方面发挥着至关重要的作用。它可以帮助我们更新教学结构，改变教学内容，探索新的教学模式，从而更好地支持学生自主学习。

一、教学决策数据化

现今许多学校引入多种软件工具，如极课大数据等，让教师在课前清晰了解学生的预习情况和知识掌握程度。这不仅有利于针对性地解决学生的困惑，还能更好地引导学生进行思考。同时，教师可利用网络教学资源库，及时推送微课，满足学生个性化学习的需求，解决学生学习上的难点。没有丰富的资源库，学生难以实现真正的自主学习和自主发现。通过网络技术，学生可以自主地学习、思考并反复观看教学资源，以此理解教材的知识点，而不是强制性地重复听老师认为的难点。同时，学生在学习过程中关注的难点也可以通过网络技术得到收集，成为教师备课的最新依据，提高教学质量。教育领域中的数据化采集不仅能够纵向反映不同阶段的学生学习薄弱点，还可以横向比较不同年级在校学生的得分情况，为后期教学方向和试卷检测提供精准指导。这些工具和资源的使用可以极大地提高教学效果，使教师更好地服务于学生的学习。

二、试卷讲评精准化

许多教师在试卷讲评课程中会无法全面分析考试内容，只会向学生灌输自己的解题方法。这样做不仅难以影响学生的思维模式，也难以分析学生的错误源，无法发现学生的思维漏洞。信息技术则可以提供更有效的解决方案。

（一）全真模拟

为了达到高考的全真模拟效果，可以采用"先批改后扫描"的方法。这种方法可以保留学生解答和教师批改的痕迹，确保改卷的效果与高考一致。通过电子版试卷的形式，学生可以方便地查看自己的试卷，并从旁观者的角度审视自己的解答和解析过程，从而更好地提高自己的水平。这种方法可以使每场考试都成为高考的真实模拟，为学生的备考提供更好的帮助。

（二）互动评价

利用信息技术，我们能够获取整张试卷中每个学生的答题情况，从而更有针对性地安排解答教学。为了提高学生的参与度和思维碰撞效果，我们可以邀请不同层次的学生进行解题演示，并将他们的答案展示给全班同学，要求他们给答案打分并说明打分依据。此外，教师还可以亮出自己的分数，与学生讨论是否吻合。通过这种互动方式，每个学生都能主动参与课堂教学，实现师生互动和生生互动。信息技术的实时互动特点，有助于学生建构自己的意义世界。在这种课堂教学模式下，学生掌握了主动权，教师只需要做好前期组织和后续的引导与总结。因此，教师从传统定位中解脱出来，变成了"引导者"，成为学生亦师亦友的同伴，而非单纯的"教授"。

（三）建立个人成长档案

档案袋不仅仅记录学生的作品，更揭示他们做决策时所用的策略。电子版试卷存储考试和练习信息，按学科和时间分类整理，教师和学生能直接查看，节省了查找试卷和分析错误的时间，能及时解决问题。极课大数据系统整理出错误率高的题目，自动生成卷子和推送同类型题目，帮助学生纠错。此外，该系统找出各班之间薄弱点，定位和突破短板，成为一线教师的有效辅助手段。

三、课堂学习高效化

信息技术的应用让教师从烦琐的知识传播和数据收集中解放出来，更专注于突破知识点、启发学生思维以及关注个性化教育。这样的教学方式让教师能够在课堂教学中提供更多的知识信息，而学生则通过收集、分析和处理信息实际感受并体验知识的建构过程，同时，增强了学生的分析和解决问题的能力。学生可以随时向老师提问并获得及时的反馈，即便错过了课堂教学内容，也能够方便地查看系统记录。这种教学方式打破了传统课堂形态的限制，学生不再是被动地接收信息，而是主动发送信息并能够及时得到反馈。课堂上不仅仅有"听讲"，更多的是"独学、对学、群学"和"自主、合作、探究"。预习导学、课后复习、共同讨论和成果展示已成为课堂教学的常态，这些让学生的学习、实践和交流等能力明显提升，学习也更加主导化。

教学改革需要借助信息技术作为工具和手段，但信息技术本身应该服务于教学。教育信息化是一个长期发展的过程，在教学改革中扮演着越来越重要的角色。其目的是通过问题发现和解决能力的培养，减轻学生的学习负担。然而，利用信息技术与学生进行交流、探究和个性化发展仍然存在问题，需要不断探索和改进。首先，一些教师将课堂教学变成了"信息技术满堂灌"，过度强调技术的应用，使课堂变成了信息技术的展示课而非教学课。其次，部分教师无法找到学科与信息技术的融合点，无法将两者有机结合起来，形成一个整体不可或缺的部分。每个学科都有自己的特色和核心素养，如何找到与各自学科最契合的信息展示方式需要教师结合自身不断思考和探索，而非简单抄袭和罗列，否则将失去学科自身的特点。因此，教育信息化的发展需要教师具备深挖学科特色的能力，然后运用信息技术扩大和升华。教师应该将信息技术作为辅助手段，服务于教学，让学生在合适的情境下进行信息技术的应用，促进学生的主动学习和探究。只有这样，才能真正实现信息技术与教学的有机结合，推动教学改革的深入发展。

第五章 SPOC 混合学习的基础理论

第一节 SPOC 混合学习的理论界定

一、深度学习

深度学习作为学习科学领域的重要分支，已经发展了四十多年。目前，对于深度学习的定义还没有一个明确的概念。不同的学者从不同的角度出发，对深度学习进行了阐述。深度学习概念的探索大致经历了方式说、过程说、结果说、目标说这四个阶段，如表 5-1 所示。

表 5-1　国内关于深度学习的概念界定

阶段	提出者	概念
方式说	Biggs	深度学习是高水平的或主动的认知加工，而浅层学习是简单机械记忆的低水平的认知加工
过程说	美国卓越教育联盟	教师采用新颖的教学方式为学生提供丰富多彩的学习内容，引导他们进行深度学习，将所学知识应用到实际问题解决中，着力于培养学生的知识迁移应用能力，深度学习强调将标准化测试与掌握沟通、协作、自主学习等能力相连接
	郭华	深度学习是指在教师引导下，学生能够围绕着具有挑战性的学习任务，全身心地主动参与、体验成功、获得发展的有意义的学习过程

阶段	提出者	概念
结果说	黎加厚、何玲	深度学习是指在理解学习的基础上，学生能够批判性地学习新的思想和事实，并将它们融入原有的认知结构中，能够在众多思想间进行联系，并能够将已有的知识迁移到新的情境中，做出决策和解决问题的学习
目标说	陈明选、张康莉	深度学习的本质是一种以理解为导向、以理解深度为表征，以培养学生高阶能力为目标的学习

本书综合国内外学者对深度学习内涵的阐述，认为深度学习与浅层学习的核心理念有所不同，两者是相对的。相对而言，深度学习的"深度"主要表现在以下四个方面，如表 5-2 所示。

表 5-2　深度学习与浅层学习比较

项目	深度学习	浅层学习
学习方式	问题为导向/主动的/高水平认知加工	机械的/低水平认知加工
学习过程	高阶思维参与/意义建构	低投入/常规性识记
学习结果	知识深度理解/迁移	知识复制
学习目标	高阶能力发展（认知、人际、自我）	低阶认知

深度学习是一种学习方式，通过创造性、体验性、实践性活动理解所学内容，并将新知识批判性地融入原有认知结构。这种过程帮助学生建立新旧知识间的联系，进行意义建构，实现对知识的深度理解和有效迁移，最终促进高阶能力的发展。综合前人观点和本书目的，笔者认为深度学习是一种有意义的学习方式。

二、深度学习能力

（一）能力

"能力"是人们常用的一个词语，也是现代社会的重要准则之一。在西方心理学中，它有两层含义：一是实际能力，也称为"成就"，表示个人当前具备的能力，通常表现为知识和技能，是学习或训练的结果；二是潜在能力，是指通过训练预期达到的水平，而不是已经发展出来的实际能力。这些能力在日常生活中经常被使用，对个人和社会都非常重要。

（二）深度学习能力

随着深度学习理念的深入，深度学习能力已成为衡量学生"有效学习"与"学会学习"的尺度。它是学生的目标，支撑其深度学习的开展。

SPOC（小规模限制性在线课程）混合学习中的深度学习能力可分为三个方面：认知、人际和内省。学生需参加各种线上和线下的活动与训练，表现出审辨性思考和合理质疑能力，与师生和同伴协作，持续反思并实现知识迁移和问题解决。这些能力的集合可以被视为学生通过深度学习获得的能力综合体，其中包括批判性思维、有效沟通和交流、自主学习等方面，最终帮助学生实现自我完善和全面发展。深度学习在 SPOC 混合学习中扮演着重要的角色，帮助学生发展出一系列有用的技能和能力，以更好地适应当今竞争激烈的社会和工作环境。

三、SPOC 混合学习

（一）SPOC

本书介绍的 SPOC 指大学选修课程，对本校选课学生开放，由课程教师授课，利用在线教学资源如 MOOC 视频，作为混合学习模式中的辅助资源。SPOC 模式融合了传统的课堂教学和在线教学，采用"线下"+"线上"方式进行教学，目的是在适当的时间、使用适当的学习技术和风格、向适当的学生传递适当的能力，以达到最优化的学习效果。其本质是为了促进学生高阶、深层次的学习，实现知识迁移、问题解决等能力的发展。

（二）SPOC 混合学习

本书介绍的 SPOC 混合学习是一种小型混合式学习，将传统课堂学习环境与在线学习相结合。SPOC 混合学习模式可以为学生提供环境、资源和交互支持，有利于探究式和小组协作学习。此外，它能够激发学生的自主学习动机，提高学习投入和责任意识。这种模式为学生深度学习能力的提升和创新提供了合适的场所。

第二节　SPOC 混合学习的理论基础

一、深度学习理论

深度学习是一种以高阶思维为核心的、基于理解的学习方法，旨在实现知识迁移和应用。该理论继承了行为主义和认知主义学习理论的精髓，并强调了学生可以在真实社会环境和复杂问题情境中获取信息，构建自身的知识体系，找到问题的解决方法，以实现知识的有效迁移和应用，以及发展高阶思维能力，如批判性思维和问题解决能力。

深度学习是一种具有创造性、体验性和实践性等基本属性的学习方法，其核心理念提供了多种优势，例如，创新思维、批判性思维、问题解决和实践能力。为了建立深度学习能力评价模型，首要任务是明确深度学习能力的内涵和构成要素。因此，可以考虑在深度学习状态下学生应具备的能力要素，并将其纳入评价模型中。

二、建构主义学习理论

建构主义是认知学习理论中的重要派别之一，其理论与皮亚杰和维果斯基的思想密切相关。建构主义认为，学生并非通过教师的传授获得知识，而是基于现有知识和经验，在与周围环境或学习伙伴的互动中主动加工和构建新信息。建构主义的核心要素包括情境、协作、对话和意义建构。学生在具体情境中自主探索、主动分析问题、解决问题，与学习伙伴交流协作，碰撞思维，从而在进行新的意义建构的过程中发生意义学习。建构主义强调学生的主动性和参与度，注重学习过程中的交互和沟通，提倡多种学习方式和形式，以满足学生的个性化需求。

建构主义学习理论认为学生是学习过程中主动建构意义的人，重视学生的自主性、情境性和社会性。SPOC 混合学习为学生提供了情境、技术、交互和资源等多重支持，同时，教师提供了丰富的学习资料，创造了交流、讨论和分享的学习环境。在与学习伙伴交流分享和与教师沟通探讨的过程中，学生不仅能够增强学习效果，还能提高协作学习、问题分析与解决、批判性思维、沟通表达和创新等方面的能力。这些能力与我们追求的深度学习能力相一致。因此，SPOC 混合学习环境对于学生深度学习能力的发展提供了较大的支持，为我们构建 SPOC 混合学习中的深度学习能力评价模型提供了依据。

三、多元智能理论

多元智能理论是由哈佛大学教育学教授 Gardner 提出的，他认为每个人都具有七种智能：语言智能、数理逻辑智能、音乐智能、空间智能、身体运动智能、人际交往智能和自我认识智能。这些智能在每个人身上的表现都是不同的，因此，每个人的学习类型和智能类型都是独特的。多元智能理论强调了适当的鼓励和教育可以帮助每个人的七项智能达到较高水平。因此，学生之间不存在智能高低的问题，只是智能类型或学习类型差异的问题。传统的学生评价方法以智力测验和学科成绩考核为主要标准，但这种评价方法忽视了学生的其他能力，例如，语言、音乐、运动、人际交往和自我认识等方面的能力。

根据多元智能理论，学生的智力具有多样性、差异性和广泛性，包括多种能力。然而，传统教育偏重于学生知识能力的培养，而忽视其他智能的发展和评价。因此，对学生深度学习能力的评价应该全面考虑，并综合评估学生的多种能力。按照 Gardner 的观点，每个学生的智能表现形式都不同，不存在智力高低之分。因此，在深度学习能力评价模型中，应该尊重每个学生的智能特点，正视学生的能力差异，并为学生提供更广阔的学习空间。

四、人本主义学习理论

20 世纪 50 年代，马斯洛和罗杰斯等代表的人本主义在美国兴起，被誉为"心理学史上的第三次革命"。人本主义的最基本假设是每个人都具备优异的自我实现潜能。教育被视为促进学生全面发展、体现自我潜能的手段，学习则是情感和认知的综合活动。人本主义教育的核心理念是要使学生成为真正的自己，充分发掘自身潜能并达到自我实现。这意味着重视全人教育、生活教育和人格教育。罗杰斯认为，教育的目标应该是培养具备独特人格特征、全面发展、能够适应变化并知道如何学习的人。现如今，教育领域强调的"学会学习"和"学会生存"与人本主义教育理念是相一致的。此外，人本主义评价观认为，以学生掌握客观知识并在测验中取得高分为评价标准，会导致教师只重视学生学习成绩，而忽视整体人的发展。因此，应积极改变这种评价现状，重视学生的全面发展和自我实现，让教育回归本质，成为推动人类进步的重要力量。

传统教育通常把学习视为认知活动，把认知培养作为主要教育目标，而评价学习效果也更多关注认知层面。然而，人本主义认为，学习应促进学生的全面发展，认为在学习过程中，认知和情感是不可分割的，是相互融合的，同时认为学习是学生通过自我指导和实现不断成长的过程。因此，本书以人本主义为指导，从学生的认知能力、人际能力和内省能力三个方面设计深度学习能力评价要素，旨在帮助学生从自身角度评估深度学习能力水平，及时调整学习策略，发挥自身潜能，成为适应社会变化的完善个体。

第六章　SPOC 混合学习中学生深度学习能力评价模型的构建

第一节　深度学习能力评价模型的构建依据

为确保学习评价结果的客观性和真实性，需要选取准确且代表性强的评价要素。除了评价学习目标以外，还需要考虑影响学习效果的各种因素，并将其纳入评价要素。这样才能确保评价的完整性和全面性，从而更准确地反映学生的学习情况。

一、深度学习能力框架

能力框架是一种结构化的概念图，用于评估学习效果。它能清晰地描述需要评估的要素，作为评估和提高能力的依据。深度学习能力框架是深度学习能力发展的目标之一，详细阐述了支持深度学习所需的相关能力集合，有助于评估和提高学生的深度学习能力。使用深度学习能力框架，我们可以为评价要素的选择和模型构建提供基础与依据。

（一）休利特基金会六大深度学习能力

21 世纪对人类公民的自我实现提出更高的要求，需要具备更复杂的思维、交流和协作能力。因此，教育培养需要更加注重培养学生的综合素质和能力。为了满足新时代的需求，各国均提出了 21 世纪学生应具备的知识和能力标准。

美国休利特基金会推出了深度学习战略计划，提出了六种深度学习能力。这些能力可以帮助学生更好地适应快速变化的社会，是学生在工作和生活中获得成功的关键能力，能力详细内容见表 6-1。

表 6-1　休利特基金会六大深度学习能力

能力类别	详细内容阐释
掌握核心学术内容	对学科核心知识深度理解，可以使用专业术语
	跨学科、跨情境应用事实性、程序性知识和理论
审辨思维与问题解决	生成问题、建立假设
	识别、收集解决问题的信息
	评价、整合、审辨性分析收集的信息
	监控、完善解决问题的过程
	推理、辩证分析假设
	问题解决的毅力
协同作业	与他人组建团队、共同确立团队目标
	参与团队问题解决的规划
	与他人协作完成任务
	接纳多种观点
有效沟通	清楚地组织与表达自己的想法
	倾听并接纳他人的反馈、建议与想法
	为同伴提供适当建议与反馈
学会学习	自己独立学习
	与他人一起学习，寻求帮助
	乐于学习，追求学习质量
	对自己的学习进行反思，总结经验
发展与维持学术意念	积极乐观的学术态度
	自我效能感较高，相信自己的能力，对自己充满信心
	愿意投入时间与精力
	提升学习与钻研毅力，攻克学术难关

（二）深度学习与 21 世纪技能框架

2012 年，美国国家研究委员会（National Research Council，NRC）探讨了深度学习在 21 世纪技能中的应用，认为它可以帮助学生深入理解核心知识并应用于复杂的现实情境。NRC 在此基础上，进一步解读了 21 世纪技能的认知、人际和内省三大领域，更清晰地表述了这些能力领域之间的层次关系。这些能力群和领域的深度融合，将有助于学生在未来应对不断变化的挑战和机遇，见表 6-2。

表 6-2　21 世纪技能框架

能力领域	能力集	能力内容表述
认知能力	认知过程及策略	批判性思维
		问题解决
	知识	信息素养
		ICT 素养
	创造力	创造与创新能力
人际能力	团队协作	交流与协调团队工作
		接受不同观点
	领导力	引导与指挥能力
		对他人的影响
内省能力	自主学习水平	学习目标的把握
		自我监控、评价、反思与调整
	职业道德与责任心	职业性/伦理
		责任感

21 世纪技能框架包括三个能力领域：学术能力、职业能力和生活能力。这些能力领域包含的能力集合与休利特基金会定义的六大深度学习能力相一致。美国 NRC 特别提出了"4C 能力"的培养，即批判性思维与问题解决、交流与合作、创造与创新。此外，21 世纪技能框架更注重于个人的发展，特别是在未来生活和职业技能方面，如领导力、职业道德和责任感。这反映了对

学生未来能力的期望，希望他们能够适应未来复杂的生活和多变的社会。21世纪技能框架与深度学习初衷都是为了在未来生活和工作中取得成功。这两者高度匹配，可以作为衡量深度学习能力的有效标尺。这为深度学习能力评价维度的确定和测量变量的整体设计提供了参考。

二、深度学习能力影响因素

深度学习能力的评价应从不同角度进行衡量，包括目标和本体内涵等方面。评价应该基于深度学习的能力框架和概念模型。为了确保评价模型的完整性，还应考虑影响深度学习能力的因素。因此，深度学习能力的评价应该是一个全面的过程，包括对不同方面的综合评估。

表 6-3　对不同学者提出的网络学习中深度学习影响因素的提炼

学者	深度学习影响因素
唐金娟	信息素养、知识构建、知识再加工、沟通、网络自我调控
Abbas	教学人员特征、学生特征、学习目标、活动、学习策略
王秀云	知识构建、深度加工知识、解决问题、沟通交流
Postareff	学习时间、精力投入、学习兴趣、课程预期目标、自我调节能力
王金亮	学业挑战水平、沟通交流频度、主动合作水平、深度加工水平、反思评价水平
吴亚婕	自我调节、动机、深度学习方法、投入；生生交互、师生交互、学生与内容交互；在线学习平台、课程内容、教师教学水平
刘丹	问题解决能力、沟通交流情况、主动合作能力、知识加工水平、反思评价水平
王璐	自我调节、动机、自我效能感、社会临场感、线上与线下交互、教师、教学设计、学习平台、线下环境
李利	有效教学、互动与反馈、自主学习、认知投入、情感体验

深度学习影响因素可以分为四个部分：个体认知因素、交互行为因素、自我内省因素和学习环境因素。如表 6-3 中知识加工、知识构建、信息素养、

解决问题、认知投入等要素可划分为个体认知因素，在学习中，有多种因素会直接影响学生的能力。其中，影响因素可分为信息素养、问题解决能力、批判性思维等深度学习能力，以及交互行为、自我内省等方面的人际与个人能力。这些因素与各种学习模型和框架中的相关描述相吻合，如六大深度学习能力、21 世纪技能框架、深度学习能力冰山模型和本书构建的概念模型。交互行为因素包括互助合作、沟通交流频度、生生交互、线上与线下交互等，它们直接影响学生的交流沟通能力和合作能力，这与各种学习模型中的相关描述相一致。自我内省因素包括学习态度、学习兴趣、学习目标、自我监控、自我调节、深度学习方法、反思评价水平、动机、自我效能感、自主学习等，这些因素与各种学习模型和框架中的相关描述相吻合，如六大深度学习能力、21 世纪技能框架和深度学习能力冰山模型。学习环境因素包括学习氛围、学习平台和线下环境，它们会直接影响学生的学习效果和学习体验。因此，学生需要在这些因素的影响下，积极学习，提高自己的能力水平。

第二节　深度学习能力各评价要素阐释与量表设计

一、各评价要素阐释

（一）认知能力评价维度

学生必须具备认知能力才能在深度学习中取得进步。认知能力是指从客观世界中获取、存储和应用信息的能力，包括对事物运动、变化、发展方向和规律的综合掌握。其核心表现为抽象思维、逻辑推演和记忆等能力。提升认知能力可以帮助学生更好地理解和应用知识，更有效地应对各种学习挑战。

（二）人际能力评价维度

在现代社会中，人际交往已成为不可或缺的一部分。具备良好的人际能力是在职场和日常生活中成功的关键因素之一。深度学习的理念也与之相吻合。尽管在学习过程中，人际交往能力常常被忽视，但在人员流动频繁的今天，处理任何事情都需要与周围事物产生交集。在处理这些事情时，良好的社交能力显得尤为重要。在教学或学习活动中，积极交流互动有助于学生深度学习。学生具备强大的人际能力，可以在深度学习的过程中表现得更为突出。

（三）内省能力评价维度

内省能力是学生反思自身、实现自我认知、评价、监控和调节的能力。它是学习可持续的关键，也是内在驱动深度学习的动力。通过监控、反思和评价自己的行为，学生不断修补和完善自我，逐渐形成自主学习能力。积极乐观的学习态度和刻苦钻研的毅力有助于激发终身学习的动力，以适应未知的工作环境和需求。因此，培养内省能力对于个人职业发展至关重要，同时，也有助于提高个人的综合素质和自我管理能力。

二、评价模型量表设计

在 SPOC 混合学习中，深度学习能力可以被分为三个核心维度：认知能力、人际能力和内省能力。这三个维度是评价深度学习能力的关键指标。学生要发展深度学习能力，需要培养这三种核心能力。为了更好地评估这些能力，需要将它们进一步分解为一级和二级评估子要素，从而构建出完整的评估模型量表。如表 6-4 所示，为下一步评价模型检验工具的制定奠定了基础。

表 6-4　SPOC 混合学习中深度学习能力评价模型量

评价维度	潜在变量	观测变量	观测变量符号
认知能力	批判性思维能力	批判性意识	CR1
		批判性态度	CR2
		批判性技能	CR3
	创新与创造能力	创新意识	IN1
		创新思维	IN2
		创新实践	IN3
	问题解决能力	洞悉力	PR1
		推理能力	PR2
		执行力	PR3
	信息素养	信息整合能力	IL1
		信息评价能力	IL2
		信息应用能力	IL3
人际能力	有效沟通交流能力	共情能力	CO1
		沟通技巧	CO2
		交流意愿	CO3
	协作能力	建立并维持团队组织	CC1
		建立并维持共同理解	CC2
		采取合适行动以完成任务	CC3
		责任感	CC4
	领导力	感召力与控制力	LE1
		前瞻力与决策力	LE2
		影响力	LE3
内省能力	自主学习能力	自主监控	AU1
		自主评价	AU2
		自主反思	AU3

评价维度	潜在变量	观测变量	观测变量符号
内省能力	发展与维持学术意念	自主调节	AU4
		自我效能感	AC1
		时间与精力投入	AC2
		学习与钻研毅力	AC3

第七章　SPOC 混合教学模式的构建

第一节　建构 SPOC 混合教学模式

一、SPOC

SPOC 是在 MOOC 基础上发展而来的一种翻转课堂模式，其与传统教学相结合，实现了优势互补。相较于 MOOC，SPOC 有着更为严格的审批流程和前置申请。SPOC 的 "Small"（学生规模小，一般在几十人到几百人）和 "Private"（对学生设置限制性准入条件）两大特点也让它在教学模式中独树一帜。通过 "Small"，学生数量得以小众化，教师可以更好地了解学生的学习动态，监督和管理学生的学习，并进行点对点的交流。同时，学生也必须认真对待学习，按照课程设置安排及时参与并完成各项学习任务。而通过 "Private"，教师可以通过平台设置准入条件，提出学习效果要求，监督和评价学生的学习，进一步优化学习效果。学生也可以借助平台规范学习习惯，明确自身学习的不足，个性化管理学习，从而在一定程度上缩小层级差距。SPOC 通过师生及生生间的对话交流得以实现，促进整体思维的建立，数字化资源实现数据交换共享，有效的监管制度提高了学习的依从性，真正实现了智慧教学和双赢教学的目标。

二、翻转课堂教学模式

翻转课堂教学模式（FCM）是一种通过重新组织教学流程，利用技术手段的教学组织方式。它基于传统课堂面授，鼓励学生在课外自主学习并自行发现问题，使教师更多地专注于引导合作学习和解决问题。这种模式重塑了课堂内外时间分配，将教师从传统的主宰者转变为主导者和合作者，同时，学生也从被动的"填鸭式"学习中解放出来，发挥主体作用并重构学习，从而改变了师生关系。在翻转课堂中，课堂由原来的"讲堂"转变为师生之间的互动式讨论和探究，从而改变了教学结构。知识传递也由原来的"灌输"变为"发现"，学习活动从原来的"被要求学"变为"主动学"，从而改变了学习本质。学生在更加灵活、宽松的氛围中，通过同伴互助协作和与教师面对面交流的帮助，不断促进对知识正确意义的建构，并在实际应用环境中进行自我诊断和反思，最终实现能力的提升。翻转课堂不仅能够破解学生厌学情绪和培养团队合作精神，还能提高知识传授效果，实现有效能力的培养。因此，翻转课堂既是混合式学习的代表，也是智慧教学的展示。

三、混合学习

学者对混合学习的定义各有不同。有的学者认为它是建构主义、行为主义、认知主义三种学习方式的混合；有的学者则认为它是面对面的实时E-Learning 和自定步调学习方式的混合。近年来，国际教育界倾向于将混合学习定义为将传统的线下面对面教学与网络在线学习模式有机整合的教育方式。混合学习能够满足学生不同的个性化需求，支持自主学习，并能够发挥教师的主导作用，实现学生的主体地位，因此被认为是促进教育变革的关键。SPOC 混合学习模式通过线上、线下混合以及网络与课堂混合，将现代化信息技术与课程教学最大限度地融合，从而实现了传统学习与网络化学习的优势互补。这种混合学习模式有助于提高学习效果并培养学生的能力。

第二节　SPOC 混合教学模式的构建与实施

一、混合学习模式的设计原则

（一）双主性

现今，学校的教学模式分为以"教师"为中心和以"学生"为中心两类。

传统教学强调教师主导，但有时候忽视了学生的主体地位，过于强调教师对教学过程的掌控，而忽视了学生的自我参与。另外，以"学生"为中心则可能导致教学无序，缺乏教师的掌控。混合学习模式结合了教师主导和学生主体两种学习方式，既发挥了教师的指导、组织、管理和监督作用，又鼓励学生通过探究、协作等方式主动参与学习，发挥其主体性。在混合学习中，教师的主导作用不可或缺，但同时也要确保学生处于教学过程的中心地位，体现"主导—主体"相结合，实现"双主性"。这种教学模式既能保证学习的有效性，又能激发学生的积极性和创造性，因此备受欢迎。

（二）目标导向性

混合学习是一种融合课堂教学和网络学习的教学模式，旨在实现学习效果的最优化。在进行混合学习时，必须明确教学目标，注重目标导向作用，不能盲目跟风，为了混合而混合。教师应在整个学习过程中明确教学目标，确定要培养的学生能力和实现的目标。学生目标的完成度是评价学习成果的重要指标之一。

混合学习需要根据目标和内容权衡，充分利用课堂和网络教学的优势，选出最适宜的混合模式。在课堂教学中，教师可以采用讲解、示范等教学方式，而网络学习则可以提供更加灵活的学习方式，例如，在线视频、互动课件、讨论论坛等。为了达到最佳学习效果，教师应该及时准确地传达教学目标给学生，让学生了解目标并清楚自己的学习方向。在学习过程中，教师应该通过多种方式与学生进行沟通交流，及时了解学生的学习进度和情况，帮助学生克服困难，达成学习目标。

（三）整体性

混合学习模式综合了课堂教学和网络学习，但并不是简单的整合，而是在各种学习理论的支撑下有机融合。这种融合要考虑学习目标的统一性、学习内容的系统性、教学组织形式的多样性以及知识结构的完整性等方面，是一个综合、细致、完善的整体。混合学习模式不是相对立或各自独立的，而是综合运用不同的教学模式。这种方法可以更好地适应学生的需求，增强学习效果。

（四）灵活性

建构主义学习理论是混合学习理论的基石之一，该理论认为，学习是学生有意义地构建知识的过程。在混合学习环境中，学生不再被动地接收知识，而是主动地构建知识，具有更高的自主性和灵活性。此外，学习资源也变得更具生成性、多样化和充满活力，不再局限于教材。网络资源、教师准备的资源以及学生之间分享的资源都可以为学习提供更广泛的支持。同时，网络平台和社交工具的应用，使教师能够更及时地了解学生的学习情况，灵活地调整教学，并实现动态的考核和评价。综上所述，网络技术使教师更具灵活性，能够更好地引导和调控教学；学生也能够更自主、灵活地学习并构建知识，从而提高技能水平。

二、混合学习模式

当前，混合学习模式在国内教育界备受关注，其中，翻转课堂教学模式作为一种重要形式备受瞩目。翻转课堂的教学方式为混合学习提供了灵感。这种教学方式通常采用"课前自学+课堂探究"或"课前自学+课内深化"方式，常用模式如下。

翻转课堂的课前和课中阶段与混合学习的课堂教学和网络学习阶段有相

似之处。为了充分利用混合学习的优势，可以参考翻转课堂模式，设计四种基本混合学习模式。这些模式旨在优化教学效果和学生能力，以教师为主导、学生为主体，实现课堂教学和网络学习的有机融合。

（一）基础—拓展模式

课堂教学是传授知识、演示实践、阅读交流和解答问题的活动。而网络学习通过网络的开放性和丰富性，以及学习的自主性和交互性，延续和拓展了传统面对面教学的优势。它不受时间和地点限制，学生可以随时随地进行复习、巩固、拓展、交流和在线测试等活动，以增强课堂学习的效果。网络学习的资源不仅可以由教师提供，也可以由学生自己发现或共享。这些资源是生成性的，因此，每个学生都有机会成为资源的生成者。这种教学方式称为"课堂教学为基础、网络学习为拓展模式"。通过这种整合方式，学生可以更加自主地学习，并且充分利用各种资源，增强学习效果。

网络学习有许多优势。首先，它不仅可以系统地传授知识，而且不会忽略学生能力的发展。在传统的课堂教学中，教师通常会进行基础性的教学活动，明确学习目标和任务，并利用多种方式进行教学，如多媒体技术和语言艺术。而学生则通过听讲、观察、实践、讨论等方式获取基本的知识和技能。相比之下，网络学习为学生提供了更多的自主权，提供了探究和发现学习的机会，并为学生的能力锻炼和发展创造了机会。其次，网络学习有利于对知识的巩固和深化。虽然课堂教学可以系统地学习基本的知识技能，但是并不会面面俱到。学生需要在课外深入学习一些浅显易懂的内容。在网络学习中，教师可以为学生提供数字化学习资源，这些资源与课堂学习相承接，帮助学生拓展知识技能，并在学习的时间和空间上具有更多的自主选择性。学生可以通过自主学习解决在课堂学习中未能理解和消化的知识难点，或者深化对知识的理解。这种学习方式不仅有助于达成集体教学目标，而且能够考虑到个性化学习目标。在传统的课堂教学中，时间和任务的限制常常要求学生在规定时间内达到标准，完成集体目标。但是，在拓展的网络学习中，这些限制不再存在，学生可以利用各种学习资源满足他们的个性化需求，从而有效地自主学习。

这种学习模式需要教师准确、合理地理解教学任务和内容，分析学生的学习情况和兴趣等因素，为课堂教学提供补充和深化，同时，在网络学习中提供一系列相关的学习资源，拓展学生的学习内容。

（二）先导——后继模式

网络学习先导、课堂教学后继的模式，通过网络学习阶段为学生提供先导性的学习资源。学生可以独立学习、获取新知并唤起旧知，为新旧知识之间建立桥梁，为后继的课堂教学做好准备。教师需关注学生的学习进程，及时反馈和提供个性化辅导，以便掌握学情、明确教学重难点，为后继的课堂教学做好准备。网络学习作为课堂教学的前期准备和基本保障，成为其重要依托。这种整合方式，即以网络学习为先导、课堂教学为后继的模式，可以提高学习效率和质量，为学生提供更好的学习体验，为教学提供了有益的框架。通过网络学习，学生可以更好地理解课程内容，积累先导知识，提高学习效率。

网络学习在教学中具有诸多优势。首先，网络学习能够提升教学效率，充分利用课堂教学时间。教师在教授新知识前，须先激活学生已有的知识和经验，以便学生更好地接受新知识。但如果准备工作耗费过多时间，可能会压缩课堂学习中的其他活动时间，如讨论交流、动手实践、协作互动等。通过网络学习阶段，学生可以首先根据自身情况安排学习资料，其次通过网络平台或社交媒体工具进行反馈。教师可以提供个性化的辅导，学生也可以相互交流，从而缩小学生之间的知识差距，缩短唤起旧知的时间。这不仅减轻了学生的认知负荷和心理压力，也为课堂教学的其他活动赢得了更多时间。其次，网络学习对于发挥教师和学生的主导地位有着积极的作用。通过网络学习，教师能够在正式的课堂教学前充分了解学生的学情和学习状况，为更好地指导学生提供支持。而学生则可以通过自主学习发掘自身的优势和不足，并且能够根据自身兴趣主动参与课堂教学，从而更好地发挥自己的主体地位。这种互动关系有助于教师和学生之间的合作，提高了学生的自主学习能力和创新思维能力。在正式的课堂教学中，教师和学生都需要充分准备。教师应当根据对学生的了解，确定学习的起点、教学重点、教学方法和学习活动等，充分发挥教师的主导作用，并为学生提供指导。学生则可以根据自身的需要有针对性地学习，避免被动和盲从。

这种教学模式要求教师了解学生的学习起点和需求，提供适当的学习资源满足学生的学习需求，并激发他们的网络学习兴趣。在课堂教学中，可以利用网络学习提供的资源激发学生的原有知识系统，以有效整合网络学习和课堂教学。

（三）主导—提升模式

网络学习为主导，课堂教学为提升模式是现代教学的一种创新方式。在采用这种模式前，教师需要分析学习内容和学生特征，明确教学目标，策划适合网络学习的教学资源和内容，制定学习任务，并提供相应的学习指南。通过特定的平台或工具，教师可以向学生提供丰富的学习资源，例如，文本、微视频、教学课件和相关资源链接等。此外，教师还应该创建多样的学习情境，以激发和维持学生的学习兴趣，使他们能够自主掌控、激励和监测自己的学习。在经过一段时间的网络学习后，教师应引导学生回到现实的课堂教学中，并对学生在网络学习中的表现、学习过程和结果进行评价与总结。教师可以针对在网络学习中出现的共性问题或重要问题展开面对面的交流和讨论，以帮助学生解决疑难问题并加深对知识的理解。对于重点、难点内容，教师需要强调和引导注意。此外，教师还应该对知识体系进行必要的梳理，并加强面对面的情感交流和互动，以实现课堂教学质量的提升。

这种教学模式有很多优势。首先，它可以充分利用网络学习的优势，帮助学生实现自主和个性化学习。主要教学活动发生在网络学习中，学生可以自由探索、协作和创新，受益于网络学习资源的丰富性以及时间和空间的开放性，从而增强了自主和探究能力。其次，它有利于知识的深化和师生情感交流。虽然网络学习有助于培养学生的自主和探究能力，但也容易带来知识片面性和零散性的问题。通过课堂教学的点拨和强调，可以保证知识的系统性和准确性，从而加强和提升网络学习所获得的知识与技能。此外，面对面的课堂教学可以缩短心理距离和弥补情感交流的缺失，有助于增强师生之间的情感联系。

在网络学习阶段，教师应该在一开始时就明确任务并关注学生学习进展，调动他们的积极性，引导自我监督管理。此外，教师还应及时发现问题，总结归纳学生出现的共性问题，并为课堂教学做好准备和调整。

（四）前奏—后继模式

课堂教学为学习提供基础，网络学习为学习提供后继支持。在课堂教学中，需要明确学习目标和任务，并提供相关学习资源、方法和评价标准。课堂教学既可以传授基础知识，也可以通过案例示范为网络学习提供参考，如小组合作学习、探究发现活动、项目学习等。

网络学习的优势在于学生可以自主探究和个性化学习，同时，教师也可以提供丰富的学习资源和指导。教师应在网络学习开始时就明确任务和目标，并及时关注学生的学习动向，调动积极主动性。学生通过自主发现和分享资源，展开自主、合作、探究学习。在课堂教学中，教师点拨和强调知识的系统性与准确性，强化和提升网络学习获得的知识与技能。最终，学生需通过提交作业或作品完成学习任务，并通过点评和互评总结、反思和完善。教学形式整合了传统课堂教学和网络学习的优点，以课堂教学为前奏、网络学习为后继，相互补充，以提高教学质量。

这种模式的优势在于学生的主体地位得到了保障。在课堂教学中，一系列引导性的教学活动使学生明确了学习方向，为接下来的网络学习活动做好了准备，掌握了学习的主动权，能够根据学习任务和目标自我调节与控制学习。因为该模式的主要学习任务是通过网络学习完成的，所以可以充分利用网络的优势，实现个性化学习。在教师的指导下，学生可以根据自身需求充分利用网络资源，寻找感兴趣的学习资料，采用适合自己的学习方法，掌握学习进度，实现个性化学习，真正实现自主学习。

在混合学习模式中，教师需要清晰地表述学生将要学习的内容、学习目标、学习任务和可选学习方式，是确保学生理解网络学习任务和方向的措施。这提供了可参考的学习资源和进程，并鼓励学生自主发现学习资源。为了清晰呈现混合学习模式中教师和学生的具体活动，可以将混合学习的逻辑起点——网络学习和课堂教学，以及教师和学生两大主体，作为横轴和竖轴，分别标注出四个象限。这四个象限表示教师在课堂上的活动、学生在课堂上的活动、教师在网络上的活动以及学生在网络上的活动。这样可以更加清晰地展示教师和学生在混合学习中的具体角色与任务，有助于学生更好地理解和掌握网络学习和课堂教学的内容与要点。

三、课堂教学的实施流程

（一）课前引导

我们将推出在线 SPOC 课程，以方便学生在课外自主学习。在课前，教师会利用超星学习通平台为课程开设一个账户并设置学习权限，明确评价标准并根据教学进度上传学习资料。学习资料会被分模块布置学习任务，引导学生主动关注课程内容。这种方式，使学生可以独立获取相应的课程内容，并根据自身情况进行个性化学习。教师会通过平台数据分析了解学生学习问题与动态，通过在线答疑解决学生的学习难题，从而实现有效导学。

（二）课中指导

采用翻转课堂教学，教师会在课前了解学生的预习情况，以及完成教师布置的作业和项目学习要求的水平。在课堂教学中，教师会采用多种形式进行教学和评价，包括小组讨论、答疑解惑、竞赛评比、操作练习、角色扮演、合作探究、沙盘演练和项目实施，引导学生实现更深层次的学习。在这个过程中，教师的关键作用是指导课堂活动的走向，并确保充分互动和交流，以达到既定目标。

（三）课后辅导

为了提高学生对已学知识的消化和内化能力，教师可通过在线平台进行互动和自测活动，如阶段性测试、知识拓展、案例讨论和作品展示等。这些活动能够激发学生对知识的重构和创新欲望，培养他们的知识运用能力，激发"转知为智"的灵感。同时，这些活动也能够促进教师和学生之间的交流互动与思想碰撞，从而实现知识的创新和思想的升华。教师在这个阶段的关键任务是激发学生的灵感和创新思维，从而提高他们的学习效果和能力。

第八章　混合教学模式下教学结构和设计

第一节　混合学习的教学结构及影响因素

一、混合学习的教学结构

为更好地理解混合学习的运行机理需要通过对教学结构的分析理解其形式。教学结构是指在教育思想、教学理论和学习理论的指导下，以特定环境为背景所展开的教学活动的结构形式。它是教学系统中四个要素（教师、学生、教学内容和教学媒体）相互联系、相互作用的具体表现。不同要素的组织方式形成的系统在稳定性和开放性上有所不同。具有高度稳定性和封闭性的系统被称为"高结构化教学结构"，而灵活和开放的系统则被称为"低结构化教学结构"。

混合学习探讨的焦点之一是在线与线下学习的融合。教学媒体的形态是实现这种融合的关键之一。格雷厄姆研究了在线与线下两种学习环境混合的渐进式发展过程，发现在初始的教学组织中，面授教学与在线学习呈现分离状态，但随着信息技术的强化，两种教学环境开始逐渐交融，逐步形成了在线学习成分比面授学习成分占据更大比重的混合学习形式。贝茨进一步将信息技术支持的不同教学形态以连续谱的形式呈现（见图8-1），其中，最左边是传统的面授教学，无信息技术支持；最右边是完全依靠技术实现的在线学习；中间则是由面授教学与在线学习两种环境不同比重相结合而呈现的多样化混合学习形态。这种连续谱的展示方式直观地表现了不同教学媒体要素以不同比例组合时混合学习的不同形态。

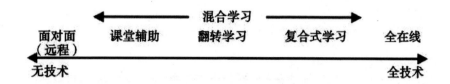

图 8-1　技术支持的教学连续谱

　　混合学习旨在通过最佳教学结构的构建实现组合优势。混合学习是传统面授教学和在线学习的有机组合。混合学习的教学组织结构以学生和教师为核心，呈现出教师主导、学生主体的特征。这种设计有利于教师在课堂教学中发挥主导作用，引导和支持学生自主完成知识的建构，同时监控教学进程。此外，这种教学组织结构确保了学生的主体地位，激发学生的积极性和创造性。从教学结构的层面来看，混合学习有助于理解在线学习对传统面授教学的影响，并改变教学活动。这为混合学习实施中线上和线下的组合方式以及组合程度提供了思考的维度。因此，混合学习的教学组织结构设计在提高学生学习效果和满足个性化学习需求方面具有重要意义。

二、混合学习的影响因素

　　混合学习是当前教育界的热门话题，学者从教师、学生、教学内容和教学媒体等方面进行研究，分析了混合学习实践中的不良表现。

　　作为混合学习的主导者，教师在转向混合学习时面临着挑战和机遇，然而，他们通常没有意识到混合学习带来的变化。教师在混合学习中往往没有充分准备，缺乏对学生学习过程的支持，并未深入思考混合学习的特征和规律。在教学过程中，混合学习方式的普及化给师生间的沟通带来了困难，同时，线上与线下教学之间的衔接也不够顺畅。此外，职业院校教师对混合教学的设计和应用理解不足。因此，推广混合学习需要教师培训和支持来提高他们的教学能力与理解水平，以更好地引领学生适应混合学习模式。

　　混合学习是一种新型的教育模式，其主要参与者是学生，需要充分发挥学生的主动性，辅以教师的指导，以实现知识的构建。然而，学生在混合学习中面临许多挑战，例如，缺乏指导、缺乏自觉意识和不完善的在线学习策略等。此外，学生需要花费更多的时间完成混合学习，同时，学习态度对学习成绩的影响更大。相比于传统课堂教学，混合学习环境下的学习资源更加丰富，但学生需要规划更多的时间进行学习。因此，具有较强的自主学习能力是取得好的学习成效的重要因素。然而，在混合学习的课程设计中存在线上线下教学内容重复或脱节的问题。教师对混合学习的设计和实施缺乏必要的经验与适当的引导，网络教学平台仅仅成为共享教学课件的空间，没有真正实现线上与线下的混合。同时，缺乏教学活动的支持也使混合学习的优势难以有效发挥，难以达到预期的效果。因此，混合学习需要教师的引导和支持，以确保在线和线下学习内容的一致性，使学生能够更好地完成知识的构建和学习。

在线学习已经从教学媒介层面改变了知识传播的方式，使原本封闭的渠道被开放式渠道所替代。这种变化带来了更多的学习途径，使学习时间更具灵活性。但是，有些教师可能无法充分利用在线学习平台及时了解学生的学习进度和状态，从而无法准确了解学生的需求并做出有效的反馈互动。这可能会导致学生对在线学习产生不良体验。

第二节　混合教学模式的教学设计

混合学习已经被证实可以增强学习效果，但是一些教师在实践中遇到了问题。有些教师在采用混合学习后发现效果不如传统的课堂教学，因此选择回归传统模式。为了充分利用混合学习的优势，教师在实际教学中需要解决线上线下学习的融合问题、增强教师与学生的互动，同时，保持学生在网络环境下的学习自主性。这些问题需要得到妥善解决，以提高教学效率。

一、遵循教学设计原则，促进线上线下教学的有效融合

加涅是美国著名的教育心理学家，他提出了"为学习设计教学"的主张，这一理念已成为当今教学系统设计的核心思想。教学系统设计通常包括三个

阶段：教学分析、策略设计和教学评价。教学分析阶段，也称为"前期分析阶段"，在此阶段需要对教学目标、教学内容和学生进行深入分析，以便为后续的教学策略设计提供基础。在策略设计阶段，需要明确教学内容的组织策略、教学媒体的应用策略以及教学过程的管理策略，并以教学活动为载体，实现各项策略的应用。在教学评价阶段，需要明确采用的评价方式，对教学活动的效果进行评估反馈，并以此为依据进行教学调整和优化。这三个阶段相互依存、相互促进，共同构成了一个完整的教学系统设计，其基本设计流程如图 8-2 所示。

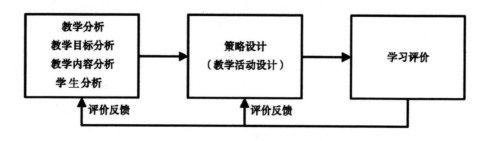

图 8-2　教学系统基本设计流程

系统化的教学设计是混合学习的必要支持，采用线上和线下教学环境相结合的策略与优势，构建有利于学生理解和应用知识的情境，以实现知识学习的有效性。在混合学习中，线上和线下的混合设计也应该按照一般的教学系统设计流程进行展开（见图 8-3），为了确保线上教学和面授教学之间的有效结合，教师应该对教学目标、教学内容和学生特点进行分析，从而明确两者之间的组织关系，避免学习的无序和割裂。线上和面授学习的混合程度取决于课程特点与学生特征等因素。混合学习可分为四个层次：简单组合、结合、整合和融合。每个层次都有不同的学习过程和实施方法。随着混合学习结构的复杂化，线上和面授学习之间的关系越来越密切，混合学习的设计和实施难度也会增加。因此，教师在采用混合学习之前，需要全面评估教学内容、学生特点、环境条件以及教师团队技术准备情况等方面。这有助于确定是否采用混合学习模式，以及应该支持哪个层次的混合学习。教师必须避免准备不足而仓促开展混合学习，导致教学困境的出现。

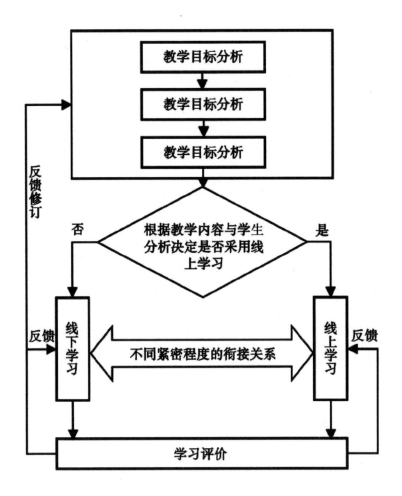

图 8-3　混合学习教学系统设计流程

二、强化基于学习行为数据的评价反馈，提高师生的教学交互质量

评价反馈对于促进学习质量提升十分重要。它可以帮助教师及时了解学生在学习过程中存在的问题，并调整教学方法策略以更好地帮助学生。教师常用的评价方法包括诊断、过程和总结性评价。但是，教师在反馈学生表现方面缺乏投入，这是混合学习中师生互动不足的主要原因之一。因此，教师应该认识到评价反馈的重要性，并积极投入其中，以增强混合学习中的教学效果。

87

混合学习平台提供了便利，方便教师收集学生的行为数据。这对于那些在传统课程中难以实现的学习过程尤其重要。但是，教师需要注意在线学习活动和平台功能的适配性设计，并制订教学监控计划，以便及时获取学生的行为数据，支持精准评价和反馈。通过这种方式，教师可以提供小步调的反馈，及时为学生纠偏，循序渐进地引导学生构建知识意义。这将有助于学生更好地理解和掌握所学知识。明确的教学反馈将有助于提高师生教学交互的频次和质量，并推进学生的目标实现。

三、激发学习动机，增强学生自主学习意识

混合学习的实践研究表明，许多研究发现学生在该模式下存在自主学习能力不足、学习动机不足等问题。这些问题会对在线学习带来更大的挑战。因此，激发学生的学习动机是至关重要的，这可以通过发挥学生的主动性来实现。一些研究指出，在混合学习课程中，课前测试、学习困惑反馈、导学案检查等监控机制可以促进学生认真对待自主学习任务，从而在学习中表现出较强的自主学习意识。混合学习中的在线学习同时具有非正式学习的弹性与正式学习的刚性，因此，教学组织设计的强化和课程整体目标的明确是至关重要的。此外，加强线上和线下活动的衔接，以及强调在线学习的刚性要求，也可以帮助提高学生的学习自主性。及时的评价反馈也是提升学生学习自主性的有效策略之一。

第九章　SPOC 混合学习中学生深度学习能力提升的对策建议

　　当前，教育界将深度学习视为新的目标和诉求。为迎合这种趋势，各高校正在积极探索适合人才培养的新教学模式。在技术不断更新的情况下，SPOC 混合学习模式备受青睐。这种模式具有小众化、集约化和校本化的特点，能够消除时空限制，提供社交互动，将传统学习和网络学习结合起来，为学生提供个性化、完整和深入的学习体验，拓展信息广度，支持学生的深度学习能力，成为高校开展混合式深度教学的首选模式。根据前期分析，SPOC 学生的深度学习能力受到认知能力、人际能力和内省能力三大领域的九大能力因素共同作用，这些因素在不同程度上影响着学生深度学习能力的整体发展，如图 9-1 所示。

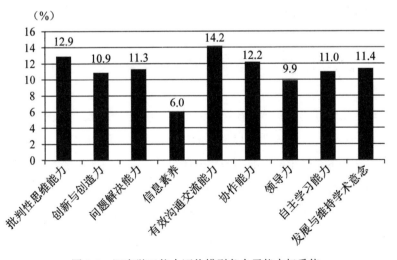

图9-1　深度学习能力评价模型各个子能力权重值

深度学习能力的提升需要注重多个方面的发展。首先，通过柱状图可以看出，有效沟通交流能力、批判性思维能力和协作能力在其中扮演着关键的角色。因此，我们需要特别关注这些方面的发展。其次，学术意识、问题解决能力和自主学习能力也不能被忽视，它们对于提升深度学习能力同样具有重要作用。最后，创新能力、领导力和信息素养虽然作用微妙，但也值得关注。

第一节 人际能力领域提升对策

在深度学习领域的人际交往方面，着眼于培养学生的沟通、协作和领导能力是至关重要的。经实证分析，首先，有效沟通交流能力是对深度学习能力影响最大的因素之一，其权重为14.2%。因此，注重培养有效沟通技巧是提升深度学习能力的关键策略。其次，协作能力和领导力对深度学习能力的提升也有较大的影响，分别为12.2%和9.9%的权重值。因此，人际能力领域在深度学习能力中占据重要地位。研究表明，小组协作学习是培养学生交流和协作能力的最佳途径。这种学习方式为学生提供了便利的交流和沟通平台。在SPOC混合学习中，学习平台和交互平台的使用为学生提供了充分的交互支持，有助于深度学习活动的展开。

一、营造对话式学习氛围，加强有效沟通交流能力

学习是人际互动和个体内在发展的过程，文化中介在其中扮演着重要的角色。通过与他人的互动，学生可以更好地理解世界。一项实证研究表明，在SPOC混合学习环境下，学生的有效沟通交流能力是深度学习的关键要素之一，对学生的影响尤为显著，其权重值为14.2%。该研究还发现，有效沟通交流能力与深度学习能力之间的路径系数达到了0.935，也就是说，学生的有效沟通交流能力越强，深度学习能力也就越高。这一结论与其他研究结果一致。

深度学习通常需要高质量的师生互动，以及生生互动交流。在这种学习

过程中，强调愉悦的情感体验，并在民主、平等、和谐、友好的交互环境中积极交流，这样的交流方式有助于学生更深入地加工知识。多样化的讨论交流活动设计和安排，有助于不断增强学生的交流意愿，熟练掌握沟通技巧，并提高共情能力。这些策略进而帮助学生增强有效的沟通交流能力，从而提高其深度学习的能力。

（一）增强个体间的交互，建立平等对话

深度学习是一种通过交流、沟通和协作等活动实现的对话过程。它依赖于个体与社会、文化以及其他个体之间的互动。有效的个体交互对深度学习至关重要，而师生之间平等的民主关系是实现有效沟通的基本前提。在混合学习环境下，教师应该创造和谐平等的在线和离线对话氛围，打破学生孤立无援、封闭自我和盲从权威的学习模式。教师应该鼓励学生参与讨论，提供平等的民主关系和话语权，从而提高学生的社会适应能力。最后，规矩是方圆的基础。为了提高学生的互动参与度，教师需要与学生一同制定交互规则，使话语权得到适当交付并实现师生、生生之间的互相尊重，从而为学生提供一个具有归属感和认同感的交互环境，鼓励学生敢言，积极参与互动活动。同时，为了促进深度学习的可能性，教师需要提供多种交流互动平台，例如，QQ 群、微信交流群和 SPOC 学习平台的讨论社区。这些平台可以促进学生之间的观点交流，并为学生提供及时的反馈和评价，同时，鼓励他们发挥主观能动性，提高表达能力。除此之外，创造更多的线下真实交流机会也是必要的，这样可以拉近师生、学生之间的距离，增强学生的集体归属感，激发他们参与线上交流互动的积极性。

（二）开展形式多样化、内容多元化的讨论活动

在 SPOC 混合学习中，丰富的讨论活动可以促进学生的深度学习，而这需要教师根据教学目标进行精心设计。讨论活动可以有基于项目和基于问题的形式，无论是哪种形式，教师都需要先充分挖掘教材内容，确保所选项目或问题能够服务于课程核心。在设计基于项目的讨论活动时，教师需要对教学内容的重难点进行深度解读，以此为依据进行项目设计。但是，项目不应

过于简单，也不应过于困难，为了促进学生的深度学习和参与课堂，教师需要在考虑学生最近发展区的前提下，设计适度挑战性的个性化、多元化项目。在进行基于问题的讨论活动时，教师需要选择一些高度感兴趣、略有难度的开放性问题，以激发学生的讨论热情。通过讨论和交流互动的形式，学生可以积极发表自己的见解，进行思维碰撞，从而更好地理解他人观点，与同伴产生共鸣。多元化的讨论活动形式和内容，能够吸引学生积极参与，并加强学生的学习动机和交流意愿。学生通过察言观色、感知同伴情感，可以更好地从他人角度看待问题。这样的交流和互动有助于学生熟练掌握沟通技能，更全面地投入深度学习。教师需要精心设计讨论活动的形式和内容，确保其能够服务于课程核心，同时，需要考虑学生的个性化和多元化需求，让讨论活动成为一种富有沉浸体验的学习方式。

二、构建协同学习小组，提高协作能力

经过终审分析，发现协作能力对评估深度学习能力具有 12.2% 的重要影响权重。协作能力与深度学习能力之间的路径系数为 0.806，表明两者之间存在显著关联。协作能力的体现主要包括建立和维护团队、与团队成员形成共同理解、协作完成任务以及高度的责任感。因此，构建协同小组是培养协作能力的最佳途径。协同学习小组是由学习者和助学者组成的自愿参与的学习型组织，与传统课堂不同，它能够吸引学生更积极地参与学习。通过团结协作学习，个体之间可以促进知识和经验的碰撞，实现知识协同构建，是实现深度学习的有效载体。此外，协同学习小组还提供了更多机会，使学生能够与同伴交流、得到反馈和向同伴学习，从而锻炼协商、妥协等能力，发展协作能力，有助于提高深度学习能力。

（一）合理进行分组，建立并维持团队组织

在 SPOC 混合学习中，建立协同学习小组是重要的一步。教师和助学者需要根据小组任务的复杂性、任务时间周期以及学生的特点来确定小组成员的数量。现在，分组依据学生的学习风格、起点能力和性别等因素，不再单

纯以成绩为依据。在分组过程中，应遵循"组间同质、组内异质"的规则，使组间形成公平竞争，组内形成"以优带差，逐步追赶，共同进步"的局面。协作始于认识和认同。在小组建立后，安排学生在面对面的课堂中进行自我介绍和展示，增进小组成员之间的了解，消除学生的陌生感和孤独感，尽快融入小组。最后，开展小组长竞选活动，并制定组内规章制度，如发生观点冲突后的协商制度、奖励制度和角色划分规则等，以维持团队组织并增强小组成员的协作意识。

（二）合理进行角色划分，形成良好配合

协作学习中的"角色"是指引导学生行为的角色，学生需要扮演不同的角色，小组成员之间协同合作，明确职责，并将协作问题解决和共同构建协同知识作为目标。因此，合理的角色分配对于协作效率和学生协作能力的发展具有重要影响。在 SPOC 混合学习中，学生可以轮流扮演不同角色，担任不同的职责和任务，但需要注意的是，学生扮演的角色应与其学习和认知风格相匹配。在 SPOC 混合学习中，为了实现任务协同完成和有效配合，需要对学生进行角色设计。这些角色包括任务分析者、资料收集者、任务诊断者和成果分享者。任务分析者的主要职责是分析小组接收到的任务内容，并引导小组成员进行发散思维，积极寻求任务完成的方法。资料收集者需要根据现有的资源，收集、补充并分享所需的其他资料给组内其他成员。任务诊断者则需要结合任务主旨和收集到的资料，评估任务完成情况，并指导小组成员完成任务的进度。成果分享者则需要总结、提炼和整理小组完成的任务内容，并形成小组成果报告进行展示。通过这些角色的合理分配和配合，可以实现任务的高效完成和优秀的团队合作。

（三）建立集体奖励制度，形成积极互赖关系

协作学习涉及学生更多的责任，这种责任主要源于积极互赖和个体责任这两个要素。积极互赖要求小组成员不仅对自己负责，也对组内其他成员负责，因为他们共同为同一目标而努力，所以组内成员的荣誉和责任是共同的。个体责任要求组内每个成员都承担学习任务和责任，这些任务和责任是由分

工和角色决定的，每项任务都必须由个人真正完成。在 SPOC 学习中，可以设置集体奖励制度促进小组成员之间形成积极的互赖关系，使他们形成合力，保持各小组之间的良性竞争，增强组内成员之间的团结协作意识，培养团结协作精神。例如，在集体交流讨论中，可以按各组的有效发帖总量进行排序，对排名靠前的小组进行加分奖励，作为平时表现分数，一并计入最终成绩。此外，教师和助学者也可以根据小组成员的角色扮演情况进行评分，并将其计入总成绩。这些奖励措施有助于激发学生的积极性和创造力，促进他们之间的互动和交流，增强学习效果。

三、合理分配权力权威，发展领导力

在未来职场中，领导力是必不可少的能力之一，特别是对于深度学习领域的从业者而言，领导力更是一个至关重要的子能力。实证研究结果表明，领导力与深度学习能力之间存在密切的联系，路径系数高达 0.651。也就是说，学生的领导力越强，深度学习能力水平越高。此外，领导力在深度学习能力的培养中占有重要的地位，其权重值高达 9.9%。

在 SPOC 混合学习中，协同小组是领导力发展的主要场域。研究显示，协同活动会在组内形成等级差异，从而产生不同的地位。组长作为组内最具权威性的人物，拥有一定的权力，能够号召、引导和指挥其他成员，对组内成员影响较大。因此，需要合理分配组长的权力和权威，引导其领导力的发展。

（一）赋予组长权力，树立组长领导权威

在协作小组中，组长拥有一定的领导权威。教师可以委派组长负责线上和线下活动安排、学习资源分配与组内重要事项的决策。组长的领导作用可以有效地管理、组织和引导小组成员，推动协同工作的顺利进行。这种必要的权利和权威有助于组长的成长与领导能力的发展。然而，组长的权威不应过度集中，以免出现不公平现象。过度集中可能会打击或抑制小组内其他成员的积极性，导致组内矛盾，分散小组成员的凝聚力，破坏小组共同目标的高度指向性。这将最终影响学生的协作、沟通和深度学习能力的发展。因此，

应该注意平衡权力和权威的分配，以确保小组的有效运作和每个成员的全面发展。

（二）轮流担任组长，动态调整组内结构

在协同学习中，生成性质促使优秀学生脱颖而出，改变小组结构，产生"意见领袖"，其对小组贡献甚至超过组长，权力与权威会发生变化。为应对此情况，需要动态调整小组结构，取代原组长职位，成为小组内最具权威和最有权力的领导者。这种规则不仅能够激发学生的领导思维，让小组成员形成良性竞争，而且能够帮助学生真正领略"适者生存，不适者淘汰"的职场法则，不断锻炼、培养学生的领导力，以适应未来的职场生涯。

第二节　认知能力领域提升对策

在深度学习认知领域中，为了提升学生的能力，需要注重培养其批判性思维、问题解决能力、创新能力和信息素养。在信息时代的发展中，信息素养已成为必不可少的能力之一。根据实证研究，批判性思维能力在深度学习中占12.9%的权重，问题解决能力和创新与创造力分别为11.3%和10.9%，而信息素养的权重为6.0%。因此，批判性思维能力的发展对学生深度学习能力的提升至关重要。此外，还需要积极培养学生的问题解决能力和创新能力，不断提高信息素养，加强思维训练，以促进认知发展。这些技能不仅可以提高学生的学术表现，还可以使其在未来的职业生涯中更具竞争力。

一、鼓励同伴互评与辩论，提升批判性思维能力

批判性思维是21世纪公民必备技能之一。研究表明，批判性思维能力与深度学习能力密切相关，路径系数为0.855，权重值为12.9%。因此，批判性思维在深度学习中具有重要作用，我们应该注重其培养和发展。批判性思维的核心在于有效的推理，以解决问题，并加强个体的批判性意识和态度。为

了锻炼批判性能力，学生应该开展推理分析、交流讨论、互评辩论等活动，并持续培养批判性思维能力，从而提高深度学习能力。

（一）积极开展线上匿名同伴互评活动

同伴互评在在线学习中是一种重要的形成性评价方式，尤其适用。它不仅关注学生评价的可靠性和有效性，而且有助于促进学生的学习。同伴互评在 SPOC 混合学习中起到了重要的作用。学生需要运用高阶认知技能，例如，对比和评估能力，这与批判性思维的发展密切相关。同伴互评的内容可以分为两个部分，一部分是在课前学习资源完成的任务和测试，另一部分是课程结束后的作业。学生需要首先将这些内容提交至学习平台，其次由教师或助学者为每位同学随机分配其他学生的作品进行评价，最后评价结果由评价者上传。在同伴互评之前，教师、助教和学生可以共同制定评价量规，让学生了解评价要求和细则。这有助于减轻评价者的认知负担，提高评价者的公平感，使评价者更好地完成评价工作。同时，评价者还需要批判地质疑他人的作品，不断进行对比、鉴别和反思，从而促进批判性思维的发展。在同伴互评中，评价过程以双匿名形式进行，评价结果由评价者通过学习平台的作业提交功能匿名上传。这种匿名评价方式为学生提供了相对安全的心理环境，但也可能导致不良行为。因此，教师或助学者应引导学生培养批判性思维，并且被评价者可以通过反馈、解释和评语的理解修正错误。这种同伴之间的互动可以促进知识共享和观点碰撞，帮助加深对知识的理解和掌握，扩展知识边界。

（二）积极开展线下辩论学习活动

SPOC 教学采用传统的面对面课堂教学作为线下学习环境。通过面对面的交流，学生能够在短时间内接触多种观点和意见，更好地融入课堂教学，快速高效地完成讨论。教学模式以辩论为主，讲授和答疑为辅。教师首先进行答疑，快速整理线上互评过程中的问题，避免时间浪费，集中进行答疑。其次，进行线下课堂中的辩论活动。在线上互评中，学生已形成自己的观点。教师或助学者可以根据学生的观点组成辩论组别，然后展开辩论。在辩论过程中，学生不断检验、辨析自己以及他人的观点是否合理，并提出问题对他人进行反馈，不断校正自己的观点。这样一来，就可以形成多元观点的碰撞，促进批判性思维的发展。

二、开展项目式学习，培养问题解决能力

深度学习是一种高效的实践性和创造性的学习方法，它注重将知识应用于实际问题的解决。学生需要有效地将知识与问题结合起来，实现知识迁移和真实问题的解决。实证研究发现，深度学习能力与问题解决能力之间存在重要关联。深度学习能力在问题解决能力中的重要地位应受到重视。因此，如何提高学生的问题解决能力以进一步提升深度学习能力，是一个值得探讨的问题。通过深入研究，教学应与学生的生活紧密相关，通过实际教学培养学生的实际生活能力，提高他们的问题解决能力。项目学习的出现为问题解决能力的培养打开了大门。通过在真实情境中解决问题，学生可以获得完整的知识，实践体验并内化吸收。这有利于实现有效教学的真正落实，实现教学理论与实践的结合。整合学习内容，引导学生深度参与，锻炼学生深度思考，促进学生能力的提升，最终实现深度学习。

（一）选择适宜的项目主题，注重真实情境的创设

在项目学习中，选择合适的主题是至关重要的。一个好的项目主题应该是新颖而现实的，能够吸引学生的兴趣并具备一定的社会和教育价值。在设计项目之前，教师应该深入了解教学内容和学生的兴趣爱好与学习经验，可以通过线上讨论组与学生积极探讨确定项目主题。这样可以尽量贴近生活和实际，制定完整的项目提纲，并及时发布。情境理论认为，学习离不开具体的情境。对于深度学习来说，真实的情境更是至关重要的，因为它可以为深度学习提供"脚手架"。为了提高学生的参与度和投入感，项目主题应该选择真实生活中的问题，激发学生的兴趣和积极性，促进他们的投入和沉浸感。通过项目学习，学生不仅可以掌握课本和课程知识，还可以应用到实际情境中。因此，选择代表性高、引人入胜的项目主题对于学生的学习和成长而言

至关重要，还可以涉猎生活和其他学科的知识，提高他们的综合素养。总之，选择适合的项目主题是项目学习活动成功的一半。教师应该充分了解教学内容和学生的兴趣爱好与学习经验，与学生共同确定项目主题，并尽可能贴近生活和实际，让学生能够在真实的情境中深度学习，提高他们的综合素养。

（二）精心设计项目任务与活动

为进行项目学习，需要设计一系列任务，这些任务可以是一系列子项目或学期末的大型项目。不论是哪种类型的任务，都需要串联所学知识点。教师应该设计有挑战性和模糊性的项目，以便学生进行头脑风暴，实践知识的迁移和运用，解决问题。在开始项目活动之前，需要一个清晰的项目计划指引。计划应包括学习时间安排和活动计划。活动计划是预先规划涉及项目学习的活动。为了协作完成整个项目，小组成员需要在小组交流群里就项目主题进行讨论，并提出意见和建议，以确定项目计划。一旦项目计划被确定，小组成员就可以在小组长的带领下，按照项目计划要求进行协作。在研究项目的过程中，小组成员需要在交流群中探讨项目的研究思路和主要内容，以制定出可行的操作方案。小组长需要合理的分工，包括收集资料、整理信息和进行汇报等，并将任务和分工安排发布到小组交流群中。在这个过程中，教师可以提供相关资源网站、MOOC 平台上的课程以及图书资料等方面的帮助。小组成员既可以利用教师推荐的资源网站获取信息，也可以查阅图书馆的书籍，然后在小组内进行讨论和筛选，选择有用的信息作为项目的内容。本学习环节采用网络自主学习和协作方式，通过教师引导，学生能够发现问题并利用学习资源分析问题的脉络。学生可以通过网络工具如 QQ 群、微信群等进行沟通，以提出疑问或建议。在基于项目的学习过程中，学生需要自主解决问题，通过信息分析和处理得出解决方案并实践操作，形成最终产品或调整方案再实践。在整个项目学习活动过程中，学生得到了动手操作和协作解决问题的训练与培养，从而提高了技能水平。

三、注重环境的创设与技术的运用，激发创新与创造能力

深度学习是高阶思维的学习过程，需要具备批判性和创造性。最新研究表明，创新和创造力对于深度学习的能力有着重要的影响。因此，我们应该注重创新能力的培养。

为了激发和发展学生的创造性思维，需要提供自由、安全的环境。同时，学生需要得到实践平台的支持，以实现创新思维和创新方法的落实。此外，学生的创新成果需要及时评价和反馈，以便及时调整和再创造。因此，为了提高学生的深度学习水平，教师应当创造适宜的学习环境并使用适当的技术手段，促进学生的创新思维和实践能力。

（一）提供安全的心理环境，激发创新思维

为了激发学生的创新和创造力，教师和助学者需要提供一个让学生感到心理安全、智力自由和相互尊重的学习环境。这种环境能够鼓励学生自由思考和畅所欲言，无拘束地展开头脑风暴。学生可以自由表达自己的情感、创意和想法，让他们的思维处于高度活跃的状态中。在这种学习环境中，所有奇怪的想法和错误都是可以被接受和原谅的，学生不需要担心或害怕被批评或惩罚。例如，在 SPOC 课程的初期阶段，教师和助学者可以在课程讨论区积极主动地发帖子，以示范作用鼓励更多的学生参与讨论和自由发言。教师和助学者应该作为讨论社区中的一员，与学生一同参与讨论，并及时回复学生的帖子，给予学生创新思考和表达的肯定与鼓励。同时，教师和助学者应该鼓励学生从多个角度研究和解决问题，以创造一个舒适、安全、自由的学习环境。这种学习环境可以增强学生的支持感和归属感，激发他们的创新意识，促进他们的创新思维和实践，从而提高他们的创新与创造能力。

（二）重视技术的运用，创设实践平台

为了增强学生的创新思维，提供实践平台的支持和帮助是必要的。SPOC平台是一种虚拟仿真、3D 效果、视频制作和剪辑、虚拟现实等技术的平台，

可以为学生提供更真实的创新情境和实践场所。教师可以利用 SPOC 平台的虚拟化、智能化和仿真化特点，结合物联网、人工智能等技术优势，为学生提供真实的创新训练项目、角色扮演和创作过程与条件，以增强学生的体验和激发其创新的兴趣与动力。通过使用 SPOC 平台，学生可以身临其境地体验到创新的乐趣，提高其创新能力和兴趣，得到有效的创新实践和体验，并形成新的创新思想观念，进一步进行再次创新和创造。因此，教师应充分利用这一平台的特点，为学生提供更好的学习体验和支持，以促进学生的创新思维和创造力的发展。

（三）基于大数据分析技术，对创新情况进行精准评估

学生创新能力的提升可以通过及时评价和反馈实现。教师可以借助学习分析技术对学生的学习过程和行为进行全面跟踪，以了解学生的学习动态和发展趋势。通过分析学生在创新实践过程中遇到的困难、问题和交互行为，以及对其创新成果的精准评估，教师可以帮助学生更好地认识自己的创新能力，从而更好地开展再创造活动，发挥和保持良好的创新势头。教师还可以利用可视化的评估结果及时向学生反馈，以帮助他们更好地理解自己的表现。此外，教师还可以通过大数据分析学生对课程内容创新性的满意度和建议，以调整和改进课程内容，以满足学生对创新理论的需求。教师还应该指导学生形成创新思维并进行创新实践，以提高学生的创新学习效率和质量，并形成良好的创新学习态势，从而更好地促进学生创新能力的培养。

（四）加强资源设计与鉴别应用指导，助力信息素养的培养

在当今数字化和网络学习时代，信息素养已成为学生自主和深度学习的基本条件。信息素养贯穿于学生与技术、信息、资源和人交互的全过程。虽然有实证数据表明，信息素养与深度学习能力之间的路径系数和权重值较低，但研究已经表明，信息素养水平与网络学习投入呈正向相关关系。信息素养水平越高，网络学习投入水平越高，学习沉浸感越高，就越容易达到深度学习水平。因此，我们应该关注信息素养的发展。然而，在信息技术快速发展的同时，网络资源呈现出鱼龙混杂、良莠不齐的局面。具备良好的信息鉴

别能力、信息整合能力和信息评价能力是有效进行网络学习资源筛选与摒弃无关学习资源的保障，是有效进行信息应用的前提。如果学生不具备较高的信息素养，网络学习资源可能会成为学生学习道路上的绊脚石，导致学生难以进入深度学习状态。因此，学生需要加强自身信息素养的培养，以应对日益增长的信息量和复杂的信息环境。把握好信息素养发展的机遇，将是未来学生成功学习的关键所在。

第三节　内省能力领域提升对策

与认知能力相比，内省能力往往被传统课堂忽略。然而，在内省能力领域中，自主学习能力和发展与维持学术意识对于学生参与深度学习活动、培养深度学习能力至关重要。因此，培养学生自主学习能力以及加强发展与维持学术意识是提升深度学习能力的重要工作。在未来的学习中，学生需要通过自我反思、自我调整和自我监督等内省能力发展自主学习能力，同时，要意识到学术意识对于深度学习的重要性，从而更好地适应未来在学习和工作中的挑战。

一、巧设学习支架，实现独立自主学习

自主学习是协作学习的基础，因为只有掌握自主学习能力，才能更好地与他人合作学习，实现深度学习。这意味着学生的自主监控、自主评价、自主反思和自主调节对深度学习能力的提升具有重要意义。

在 SPOC 混合学习环境下，学生的自主学习主要发生在在线学习过程中。教师应为学生提供学习支持，以提高学生的自主学习水平。学习支架通常分为资源型支架和提醒型、引导型支架。其中，资源型支架主要包括在线自主学习资源和任务，而提醒型、引导型支架则体现在教师对学生的引导上。

（一）线上自主学习资源与任务设计

为学生提供优质的线上自主学习资源是非常重要的，这也是教师需要关注的关键点之一。SPOC平台为教师提供了许多高质量、权威性的与教学内容相关的资源，包括名校、名师、名课等。同时，考虑学生兴趣、动机和起点能力，教师可以设计多种类型和层次的学习资源，如单元教学视频、拓展性资源、指导性资源（教学大纲、教案、自主学习任务单）等。教师还可以在视频资源中加入开放性问题或训练，但这些问题必须与教学重点相关，并且需要尽量具有趣味性和吸引力，以提高学生的注意力和自主学习能力。网络学习任务应该由学生通过自主学习完成，任务设计对培养学生自主学习能力非常重要。不同学习动机的学生对任务难度的偏好程度是不同的，因此，教师应该设计具有梯度的学习任务，使学生逐渐从浅层学习转变为深度学习。研究表明，学习任务特征是影响学生深度学习的重要因素之一。具有真实性、适当挑战性和选择性的学习任务能够促进学生的参与和深度学习水平的提高。真实性是指学习任务与学生的真实生活相似或模拟学生的现实生活；适当挑战性是指任务应该遵循最近发展区原则，设置一些对学生具有一定挑战的任务，但不至于过于困难；选择性是指任务应该不具有强制性，学生有自主选择的权利，可以根据自身情况进行选择。这种任务设计有利于学生深入自主学习。

（二）加强助学者的学习引导与反馈

为了帮助学生进行自主学习，教师或助学者应该扮演三种角色：时间管理导师、目标制定导师和进度计划制订导师。时间管理是当今社会中必不可少的个人技能之一，首先，教师或助学者可以通过在线学习平台上的通知和公告及时告知学生每个学习阶段的开课时间、课程更新时间和作业提交截止日期，从而帮助学生自主安排学习时间和监督学习进度。其次，教师或助学者需要指导学生制定明确的学习目标和实现方法，学生可以根据自己的需求和兴趣制定长期或短期目标，并将学习目标分解成阶段性和任务化的形式，以实现更好的自我监控和学习效果。最后，教师或助学者需要指导学生制订个性化的学习进度计划，例如，如何安排学习时间和解决学习中的问题等。学生可以根据任务的优先级和自我学习效率制订以日或以周为单位的进度计划，并按照任务的重要程度进行进度安排。完成任务后，学生需要对比目标和进度计划表来评估与反思自己的学习情况，并及时调整时间、进度计划或学习策略。教师或助学者需要及时给予学生反馈，并积极引导学生进行自主监控、评估、反思和调整，以实现自主学习的目标。

二、加强奖励与训练，增强发展与维持学术意念

为了提高深度学习能力，不仅要注重技术方面的因素，还需要关注学术意念的发展和维持。研究表明，学术意念与深度学习能力之间有密切的关系。因此，在深度学习过程中，培养学术意识是至关重要的任务。要增强学术意念的发展和维持，需要重视两个方面：一是加强奖励机制，激发学生的学习兴趣和积极性；二是强化毅力训练，帮助学生克服学习过程中的挫折和困难。这两个方面的措施应该贯穿于整个深度学习过程，以确保学生在学术意念的发展和维持方面取得长期的效果。

（一）设置个体奖励，增强自我效能感

在学习过程中，激励是维持学习动力和形成良性竞争的重要因素。班杜拉的自我效能理论指出，替代性经验和言语劝导可以提升个体的自我效能感，增强信心。言语劝导可以来自教师、助学者或个人自我激励。例如，教师可以利用线上学习平台展示优秀学习成果，并对表现优秀的学生进行鼓励和奖励。这种奖励激励了其他学生，转化为内在的自我效能感和自我提高内驱力，从而为深度学习提供了持续的内在驱动力。

因此，在学习过程中，需要给予适当的团体奖励和个体奖励，利用替代性经验和言语劝导激励学生，促进学习动力的提高，形成良好的学习氛围。教师或助学者应该记录学生的进步和平时表现，并及时向学生反馈，帮助他们在自我比较中重新获得信心。针对那些进步较快、积极改变学习态度的学生，可以给予一定的奖励，如加分或精神上的支持和鼓励，以激发他们的内

在学习动机。这种记录和反馈对于学生的学习与发展非常重要，因为它可以帮助他们更好地了解自己的学习情况和进展，以便更好地规划和实现自己的学习目标。需要注意的是，奖励应该合理，不能只是简单地追求表面上的好成绩，而忽略了学生的真正学习需求和兴趣。

（二）强化毅力训练

在深度学习的过程中，毅力对于学生的学习成果至关重要。然而，培养毅力需要长期的过程和不断的努力。教师和学生都需要坚定的信心与毅力达成这一目标。教师应该积极引导学生形成坚定的意志和顽强的毅力。当学生遇到困难时，教师不能让他们轻易放弃，而应该帮助他们克服困难。此外，在在线学习中，干扰因素可能会影响学生的深度学习，如果学生没有坚定的意志和毅力，很容易被这些干扰因素吸引。因此，教师还应该及时解答学生的疑问和问题，并强化榜样的作用，鼓励学生发挥榜样和示范作用。对于毅力较弱的学生，教师应该多加鼓励，增强他们的自信和毅力观念。

第十章　混合学习的体制机制障碍与改革

第一节　混合学习空间构建的形成机制

教育机制是教育各部分之间相互关系及其运行方式的体现。建立混合学习空间需要考虑到多个因素，包括理论和技术的支持、管理和价值的协同以及物质和文化环境等。在这个过程中，教育机制的作用至关重要，因为它涉及教育的各方面之间的相互关系和运作方式。要有效地构建混合学习空间，教育机制需要综合考虑这些因素的影响，以确保混合学习空间的顺利运行和学习效果的最大化。只有在建立这些因素间的相互关系和运作方式后，预设的混合学习空间才能最大限度地彰显其体验、意义、价值和功能。

一、以混合学习理论深化为支持的理论基础

混合学习的实践需要有理论支持。为了实现这一目标，科研和实践人员需要运用科学的方法，持有批判性思维和反思性工作态度，将先进的教育理念和实践基础充分运用于混合学习的创新中。不同理论在转化为实践的程度和层次方面存在差异，有些理论转化容易，有些则存在现实难题。因此，为了构建混合学习空间，教育实践者需要综合考虑现有的物质基础和资源以及对理论的深入理解，并提供相应的指导。混合学习目前还没有形成标志性的系统理论，这也是混合学习推进过程性的问题。因此，加强理论研究，根据理论指导实践的开展，可以减少工作开展的盲目性。

二、技术实现层面的技术支持因素

混合学习的推广是将信息技术深度融入课堂教学，是课堂结构的升级。混合学习空间相比传统学习空间，加入了更多技术因素，技术的应用推动了混合学习空间的有效实现。

（一）以大数据技术为支撑的外围技术环境

建设混合学习空间必须以适合混合学习的环境为依托。除了经验和教师知识共享外，大数据科学的意识也是必要的，以支持混合学习空间的构建。在构建以英语教学为目标的混合学习空间时，需要考虑英语学习和国家文化元素等，通过大数据捕捉、建模和理解这些因素的植入哪些是有效的、哪些是无效的，进而挖掘有效的结论。在处理混合学习空间的元素时，需要关注基于大数据的效益。大数据不仅可以帮助教育实践者了解学生的学习情况和学习需求，还可以通过分析学生的行为和表现提供更加精准的指导与支持。因此，教育实践者需要综合运用各种技术手段和教学策略，从学生的角度出发，不断探索和优化混合学习空间的建设，以提高教育教学的质量和效果。因此，更新教师思维、促进教师植入大数据意识，是创新教师教学思维的有效手段。

（二）以情境感知技术为基础的支持服务技术

为了提高学生的支持服务水平，在混合学习环境中，学校可以考虑利用情境感知技术。情境感知技术是利用传感和计算机设备获取学生情境信息的。它能够获取学生的自身情境、物理情境、计算机系统情境以及人机交互情境等信息，并通过对这些信息进行建模处理，以满足学生的需求。在混合学习空间中，情境感知技术能够为学生提供定制化的支持服务，具有智慧调适的功能，从而提升混合学习空间的效能。需要注意的是，在使用情境感知技术时，应考虑学生的隐私保护和数据安全问题。尽管目前各种设备和技术还较为缺乏，情境感知技术仍是混合学习空间构建的重要趋势之一。穿戴设备在课堂教学中的应用将会促进这种技术的改善。

三、管理体制和舆论价值引导的协同支持

混合学习空间的塑造是一个管理和资源分配的复杂问题。为了适应混合学习，需要对传统教室进行改造，例如，增强无线网络信号的覆盖范围，拆卸固定的桌椅板凳以适应不同教学组合方式。这些改造需要投入大量的教学资源。然而，混合学习在学校中的大规模推广仍然是最大的难题，这需要依靠管理体制对教师参与混合学习的鼓励。混合学习不仅需要教师花费大量时间和精力进行资源收集与整合，还需要设计创新的混合学习活动以促进教学实施，这对教师的要求更高，同时也可能受到传统教学观念的阻碍。因此，需要协调管理体制和舆论引导，以推进混合学习的实施。

首先，混合学习空间的建设需要进行计划、指导和监督，以促进其萌芽与发展。制定系统化的行动框架是计划的核心，政府层面的计划能够为学校层面的混合学习推进提供物质支持，有利于推进项目的顺利进行。指导混合学习空间的建设需要行政部门整合专家学者的智慧和有利资源，制定具有一定标准和弹性的执行方案。同时，监督也是必要的，行政机关应当对空间建设执行情况进行督查，分析执行完成情况，并探索形成长效性的管理机制，以确保在保障安全和舒适的前提下，充分考虑混合学习空间的学习促进本性。

其次，在混合学习空间的建设中，需要逐步形成层次性的推进策略。通过建立框架性的政策系统，将混合学习空间建设的相关要素进行整合和规范化，制定制度性的文件支持混合学习空间的各类政策。例如，制定混合学习空间建设的课题项目规定、工作量认定等方案，并通过培训、管理和监督等方式，围绕学者对混合学习空间制定的基本规范进行建设，促进教师和相关工作人员将混合学习及混合学习空间的理解转化为混合学习空间建设的实践过程，实现混合学习所需的体验、意义、认同与效用，逐步实现制度层面、理论与实践层面、体验与改善层面的层次推进。最终，需要充分利用舆论的协同作用。舆论是社会治理中的一个重要手段，它可以发挥推动、监督和反馈的作用。

最后，需要充分利用舆论的协同作用。舆论是社会治理中的一个重要手段，可以发挥保障、制约和激励的作用。教师通常会受到舆论的制约，因此，需要巧妙地使用舆论协同，促进教师确信自身参与混合学习空间建设的价值与意义。舆论可以通过广泛宣传混合学习空间建设的必要性，提高公众对于混合学习空间的认知度和了解程度，从而发挥舆论的制约作用。这种方式可以让教师和相关工作人员深刻意识到混合学习空间建设的重要性和紧迫性，进而克服各种现实的困难和障碍。同时，舆论也可以通过鼓励、身份认可和效果表彰等方式，发挥激励作用，对混合学习空间建设者或使用者进行正面引导和鼓励。

四、调动物质资源和挖掘优秀传统文化要素进行推动

混合学习空间的物质基础是建设的关键因素之一。要打造一个具有优秀教学效果的混合学习空间，需要充足的物质资源。例如，打造物理空间需要教学楼、教室以及符合混合学习需求的教室布局，这些物质资源是建设混合学习空间所必需的。同样，构建虚拟空间也需要满足接入互联网的需求，例如，Wi-Fi 网络，以及计算机等硬件设备。另外，为了建立一个可以自由获取资源的硬件环境，需要提供可组装的桌椅等家具，这需要大量的教学资源投入。同时，教师整合数字化资源的学习平台也需要大量的投入。因此，教育主管部门和学校需要共同努力，筹资和调动已有的资源进行改造，以满足混合学习资源建设的相关需求。

在教育系统中，文化扮演着重要的角色，能够对学生进行潜移默化的影响。优秀传统文化中蕴含了丰富的思想和智慧，可以为混合学习环境提供有益的支持。例如，通过展示名人名言激励学生、增强教育效果；在汽车学院的混合学习空间中，设置展示汽车发展历史的显示屏可以帮助教师讲解相关课程。在创建混合学习环境时，需要挖掘和激发学生的学习动力，通过展示文化符号、营造特定的环境、使用虚拟在线学习系统等方式实现。创造适合混合学习的文化环境不应只注重技术，也要注重技术中的人，并且不能只关注教室，而忽视促进学习效能的文化。因此，需要从教育学和心理学的支持

作用出发，深入理解混合学习的本质意义，并布置各种文化符号，以提高混合学习的效果。

五、形成以大数据反馈为指引的改进机制

打造混合学习空间并非终点，而是一个成长的过程。教育实践者需要通过反思探索混合学习空间建设的"实践智慧"，并与相关工作者分享知识以共同提高。同时，嵌入混合学习空间的数据收集系统也是推动其不断成长的重要因素。通过使用大数据技术，有目的地收集不同学生在混合学习空间中的表现，整理出关键、敏感和具有高显示性的数据，揭示促进或阻碍学生学习的因素，并将这些结论提供给教育工作者，以此不断改善混合学习空间，促进其发挥自身价值。

第二节　混合学习推进的体制机制障碍

一、大学评价制度的价值定位在实施中面临一些障碍

现今大学生存环境中，学校排名和专业学科排名备受关注。无论是国内还是国际排名，科研产出的数量和质量都是衡量学校及其专业学科的核心指标，也是决定性因素。在这样的外围环境下，现行大学评价制度将价值定位于科研绩效无可厚非。然而，这种建立在科研产出价值逻辑下的大学评价制度往往导致科研与教学失衡，教师更加重视科研而轻视教学。一般而言，教师只要能在科研上取得成绩，对教学上的要求就较为柔性。教学评价系统本身的效力非常有限，因此，对教师教学上的要求相对于科研这种能显著提升学校地位与声望的效益而言，变得松懈不少。教师按照固有的教学习惯开展教学，变得可以理解和接受。教师的教学工作过去一直按照"学徒期观察"的方式进行，这意味着教师依据自己在学生时代从课堂中学到的教学经验进行教学，但往往忽略了教学反思和教学改革的重要性。然而，混合学习的介

入改变了课堂结构，为教师带来了崭新的课堂、互动的交互以及全新的学生。根据维基百科中对混合学习的定义，混合学习是一种正式的教育方式，学生可以通过基于网络的数字化学习，获取部分教学内容，接受学习指导，自身在一定程度上可以控制学习时间、地点、路径和进度。混合学习对课堂形态的改变意味着对教师教学技能的要求发生了根本性的变化，这种接入网络的课堂结构需要教师具备更多的教学智慧，注重教学反思和不断创新，以更好地适应混合学习的教学模式。因此，教师需要不断提升自己的教学能力，以更好地应对混合学习的挑战。

混合学习的引入改变了课堂结构，给教师带来了全新的课堂形式、互动和学生。混合学习的定义可以在维基百科中找到："混合学习是一种正式的教育方式，学习者可以通过基于网络的数字化学习，获取部分教学内容，接受学习指导，自身在一定程度上可以控制学习时间、地点、路径和进度。"混合学习对课堂形式的改变意味着教师的教学技能要求发生了根本性的变化，需要教师拥有更多的教学智慧。教师的不理解、不适应甚至不认同，在推动混合学习等新型学习方式的时候，显得研究不够、能力不足、缺乏教学改革的经验。

二、混合学习发展面临的制度设计和支持机制不足

（一）教师培训机制不能满足混合学习所需的知识能力转变

从现有的教师培训机制来看，教师的教学能力提升平台主要有以下几个方面。首先是各省市的公共科目学习。这种学习形式通常基于在线自主学习，虽然具有强制性，但只对有职称晋升需求的教师有约束力。然而，该学习形式存在着成为"鸡肋"的倾向，其面向大众的创新意识和能力培养与教师的技能提升需求存在较大的差距。其次是教师自愿参加的各种讲座。这种学习需要极大的自控力，并且与学校教师专业发展平台提供的资源有极大的相关性。通常情况下，办学资源丰富、办学能力强的学校拥有更多的机会。相反，普通院校尤其是边远地区的院校，在获取优质教学知识分享的讲座方面较为

缺乏，获取相同质量的讲座需要更多的成本。最后是教育教学改革培训。这种形式的主要载体是通过教育管理部门或者教师发展中心拟定的教育教学改革项目。通过对项目的研究、更新和跟进现代教学观念，教师可以提升自己的教学能力。然而，这种培训需要建立在教师有一定的发现问题、解决问题的基础之上，因此，这是一个"强者越强、弱者越弱"的研修平台。

根据教师教学技能研究平台的现状分析，现有的研修制度并未能够充分满足混合学习所需的技能研修，存在缺乏针对性的问题。而混合学习的特点决定了它需要实现教育与技术的有机结合，引导学生选择、整合和学习各种资源，并在此基础上完成知识的内化和结构的完整化，同时，注重实现学生全面发展。因此，应当优化研修制度，注重培养教师的教育技术能力，提高其对混合学习的理解和应用水平，以满足混合学习在实践中的需求。同时，混合学习还需要发挥教师的自觉能动性，要求教师具有觉者精神。这些能力的专门性和技术性需要有针对性地学习与持续的跟进，才能逐渐深入教师意识，只有这样，教师才能真正驾驭混合学习形态下的课堂教学。

（二）教师工作量管理制度不利于教师保证混合学习的持续投入

为了确保高校日常教学工作的顺利开展，各校普遍实施了有关教师基本工作量的规定。教师必须完成规定的教学工作量才能获得相应的绩效工资。基本工作量的数量因学校而异，一些生师比例较高的院校基本工作量相对较高，但总体而言，教师需要投入大量精力才能完成其基本工作量。为推进混合学习教学改革，需要教师投入更多的精力完成认知和能力的转变。这种转变需要教师在内部进行心理和意识上的转变，同时，需要外部的理念、策略、知识和技能的支持，以及认知、情感和意志构成的感性世界的支持。在这种额定工作量的环境下，一些高校，特别是条件较差的高校，很难保持对混合学习的持续投入。相反，在教学改革方面也更有实力和资源去推进。但是，在资源相对匮乏的学校，教师通常需要承担更多的教学任务，往往难以分出足够的时间和精力探索教学改革的路径。因此，教学工作量的差异也影响了不同高校对教学改革的重视程度和推进力度。这也是清华、北大等学校率先开展 MOOC 等相关教学改革的原因之一。

（三）混合学习支持服务制度实施力度不够造成了混合学习的效果难以持续

为了支持学生在混合学习中保持动力和完成学习过程，支持服务的作用机制包括直接支持、辅助支持和间接支持。直接支持包括教材、教师、实训室等，辅助支持包括学习研究方法、参考资料等，间接支持包括学生贷款、心理咨询、学习设备租用等。

混合学习支持服务制度是指为促进混合学习顺利开展而建立的制度体系，包括对教师参与支持服务的约束和激励制度。混合学习需要构建独有的学习空间、支持课后在线学习，以及改变传统课堂形态，这些都需要教师投入大量时间和精力，因此需要得到相应的支持和保障，以确保教师能够持续地参与混合学习并提供高质量的教学服务。

（四）数字化资源的共享机制尚未形成是混合学习开展的又一制度障碍

共享资源是指通过信息和通信技术提供给教师和学生的各种非商业用途的教育资源。数字化资源共享机制包括标准控制、质量控制和管理控制，这是建立和完善数字化资源供应体系的关键。虽然在 MOOC 的推动下，资源开放意识已经形成，但相关的质量标准、准入管理、退出机制和分层技术等方面尚未形成。资源使用过程的大数据还未向普通研究者开放，导致混合学习中缺乏资源。教师和学生常常深陷于海量资源中，但难以找到合适的资源。

三、混合学习推进的激励机制与制约机制不到位

（一）混合学习的推进没有得到舆论体系的充分支持

学校生活和其他社会生活一样，都受到舆论的制约，而在混合学习方面，教师通常会受到舆论的影响，可能会改变他们的做法。然而，与像 MOOC 这样的专业组织机构相比，混合学习缺乏相应的舆论体系和支持。在 MOOC 诞生初期，主流媒体大力宣传其价值，国内外的媒体都积极报道，这使 MOOC

得到了更多的支持。而混合学习则是由教育本体内部自发推动的，它的发展路径逐渐获得了行政领导的重视，但没有像 MOOC 一样在舆论体系的帮助下得到更多的支持，教师也没有因为受到足够的舆论压力而积极参与混合学习改革。

（二）混合学习的成果激励机制缺位

激励机制是指利用激励手段调动相关方的积极性，从而实现整体事务功能。在混合学习推进中，教师的不积极参与并不影响其个人利益，特别是在改革力度不够的情况下，不参与改革是多数派。这种态度不仅仅会影响话语体系，更会导致教师选择"利己"的方式，以"沉默"抵制混合学习这种相对需要付出更多精力但回报有限的教学模式。同时，学校也没有出台相关措施，通过有效机制促进教师积极参与混合学习改革。

第三节　混合学习推进的体制机制改革动力分析

一、信息化大潮的大学深化改革压力

随着对创新价值的认识逐渐加深，高等教育机构面临着日益加剧的改革压力。为了回应社会的呼声，高等教育需要采取具体措施改变教育理念、人才培养模式以及改革自身的管理体制，以培养具有创新能力的人才。然而，更为根本的是需要对学校教育系统进行结构性变革，以应对教育改革带来的巨大压力。在信息化时代，课堂结构是学校教育系统的核心结构，必须通过改变课堂结构实现最为重要的结构性变革。混合学习作为未来教育技术的发展趋势，整合了多种媒体、学习方式和教学方式，是网络学习和传统学习的有机结合。它是教育技术理论的回归和一种螺旋式上升的趋势。数字化技术的广泛应用，为混合学习提供了巨大的发展空间。在混合学习中，学生能够更自由地控制学习节奏，获得更多的学习机会和更丰富的学习资源，同时，教师能够更好地开展个性化教学，实现学生和教师的共同成长。因此，混合学习应该得到高等教育机构的积极推广和广泛应用，以推动学校教育系统的变革和创新，培养更多具有创新能力的人才。

二、在线学习与课堂教学融合的现实需要

高等教育受到 MOOC 课堂的冲击后，也开始关注混合学习的问题。MOOC 让学生的视野从封闭走向开放，原本代表权威的教师也开始面临来自网络各路名师的挑战，他们面临着权威挑战、能力挑战和生存挑战。一些教师面对 MOOC 的威胁，甚至调侃现在的师生关系，如今是担心学生来了之后，在课堂上比较自己的课与 MOOC 平台上名师的差距。因此，教师需要以坦然的开放心态，利用信息技术资源支撑课堂教学，将各种优质资源通过在线学习的方式整合进课堂，辅助构建高效的课堂教学。这样，教育技术和课堂教学才能融合，回应国家对"信息技术对教育教学变革性影响"的现实环境要求。同时，这也是促进教师参与混合学习改革的重要动力。另外，人才成长的时代性呼吁体制机制也在支持混合学习的改革。

第四节　推进混合学习体制机制改革策略

混合学习的推广需要教师的大量投入和支持，同时也需要学校的大力支持，包括体制机制的改革、文化舆论的调整等多方面的支持。教师的能力、意识、思维等多方面的转变是必要的，但这些转变是在支持体系的基础上实现的。只有在系统性的体制机制改革的支持下，教师才能更好地思考和解决混合学习推进中的各种问题。

一、创造适应混合学习推进的制度环境

为了推进混合学习，需要对大学的制度建设进行价值取向的调整。在现今更加注重学生学习状态的环境中，应将教师的主要精力调整到教学本身，

推进教学与科研分离的评价制度，从重视科研的外部环境转向大学自身自我突破，形成一个与教学质量监控关系密切的大学评估体系，以规范和强化教学在大学中的核心地位。

除了需要制定适合混合学习的保障条件和教学规范外，还需要建立一个全面支持混合学习实施的体系。混合学习需要涉及各方面的制度，包括课程设计、教学评估、学生管理等，这些都需要在制度层面得到支持和保障，需要在统摄的视角下进行系统设计，注意各制度之间的协同性，形成一个以混合学习推动为核心目标、以学生需求为导向的混合学习制度体系。制度体系内部的相关性和协同性能够有效推动事物的发展，缺乏协同性的制度则可能造成冲突和失效。混合学习的具体推进需要关注诸如混合学习空间建设、教学资源的调整、混合学习的评价方式等问题。同时，需要加强教师专业发展的路径设计，促使教师能够适应混合学习的要求和变化。

二、建立以混合学习教学技能进阶方式为基础的能力提升机制

混合学习对教师专业发展提出了挑战。教师需要认真应对混合学习形态所导致的适应教育和技术密切相关的问题，引领混合学习课堂教学的发展，以及满足自身需要的精神气质问题。教师需要根据课堂结构的变化，将混合学习设计成为学生喜欢的学习场所，需要熟练运用各种技术，整合各类资源，创造出学生舒适的学习活动。同时，教师需要利用新型评价手段，引导学生保持学习兴趣，激发学习动力，提高学习绩效。教师还需要引领社会生活典范，以自身生活充满正能量的精神气质感染和塑造学生的精神气质。这些转变都需要教师能力提升机制的支持。为此，教育机构应该建立以混合学习教学技能进阶方式为基础的能力提升机制，为教师的专业发展提供支持。这个机制应该具备以下几个方面的内容。

首先，机制应该包括以混合学习为核心的教学技能培养。教育机构应该利用现有的教育资源，培养教师熟练掌握混合学习的教学技能。教师应该能够根据不同的课程要求，选择合适的混合学习模式，整合各种资源，设计出适合学生的学习活动。

其次，机制应该包括混合学习教学实践环节。教育机构应该为教师提供充足的混合学习实践机会，让教师在实践中不断地摸索、实验、总结，以增强混合学习的教学效果。

最后，机制应该包括混合学习教学成果的评价机制。教育机构应该建立相应的混合学习教学成果评价机制，定期对教师的教学成果进行评估，以便及时发现问题并予以改进。

为了保证教师能够充分发展自己的能力，必须确保教师拥有足够的时间。有两种方式可以实现这一点：一种是通过减少教师的工作量，让教师有更多的自由时间；另一种是在不减少工作量的情况下，给予教师自主选择的权利，让教师可以根据自己的计划和学校培训的相关要求灵活安排上课时间。此外，建立完善的教师发展中心也是必要的。教师发展中心可以为教师建立系统化的提升体系，促进教师参与培训的机制建设，并搭建沟通和处理各种教师发展困境的平台。由于混合学习所需能力转变是巨大的，必须形成系统性的学习计划支持，以完成从混合学习技术到混合学习智慧的转变。最后，需要重建教研室等基层学术组织。通过教研室的日常教研活动，可以分享混合学习在实施过程中的困惑、经验和成效，从而实现知识共享和经验传递，同时，可以营造混合学习研究与实践的氛围，避免因教师个人适应性问题而出现的自我迷失情况。

三、发挥舆论的协同作用

舆论是对社会问题的共同意见，反映了社会心理和社会思潮。在混合学习推广中，舆论具有协同作用，包括引导、促进、监督和制约。在引导方面，可以通过建立混合学习的典型案例和利用媒体宣传等方式鼓励教师参与混合学习。在促进方面，可以利用舆论力量推广混合学习的热点话题，形成大众舆论并促进混合学习的发展。在监督方面，需要通过舆论系统塑造正向场域，对混合学习进行监督。在制约方面，需要利用话语把控，将负面障碍降低到劣势话语，保障混合学习的发展。相比于 MOOC 等专业机构，混合学习在利用舆论的能力和意愿方面仍有提升空间。虽然 MOOC 影响力更大，但混合学习通过利用舆论效应，特别是教师从众效应等舆论效应，促使教师适应混合教学，影响学生参与混合学习的积极性。实践表明，积极开展在线学习的院校，教师态度越正向积极，舆论体系对混合学习推广的作用就越明显。

四、建立适当的激励机制

教师在混合学习中扮演着组织和实施学习目标与任务的角色。除了需要具备混合学习教学能力外，教师的工作态度也对工作成效具有重要影响。为了规避教师因惰性思想引起的道德风险，建立一个激励机制是必要的，这个机制包括身份激励、行为激励和效果激励。身份激励可以通过给予特定身份标识鼓励和宣传在混合学习中起重要作用的教师。行为激励则是通过对具体行为的肯定，激励教师继续推进混合学习。效果激励则是以成绩为表彰要件，鼓励教师按照表彰方式发力。为了激励教师群体，可以通过庆祝混合学习取得的阶段性进展发放奖品和奖励。这些激励方式可以在学校的人力资源管理中得到应用。

教师激励机制的设计需要考虑到多个方面。一方面，需要明确教师的工作职责和要求，以确保他们尽职尽责地履行自己的职责；另一方面，需要根据教师的工作表现和积极性，为他们提供相应的激励和奖励。如果仅仅要求教师凭借"敬业精神"推动混合学习的发展，可能会导致效果不佳，同时，也会引起教师的反感和抵触情绪，从而浪费掉了可以用于混合学习研究的宝贵资源。因此，建立一套科学合理的激励机制对于推进混合学习的发展至关重要。

五、探索混合学习开展的保障机制

保障机制是确保实施混合学习所需的方法、物质条件和外部环境的相关措施。在混合学习中，保障机制是服务和基础的支撑，涵盖方方面面。在体制机制方面，保障机制主要包括有效的行政组织机制、优质资源的筛选机制和理论研究的支持机制。

　　为了保证混合学习的顺利推进，需要建立有效的行政组织机制推动其发展。这种机制需要依靠权力体系的建设，在行政体系中提供支持，确保混合学习场域的正常运转。在混合学习中，场域参与的元素较多，因此必须保持"有序"，以确保其正常发挥作用。有效的行政机制必须是以"维护和增进公共利益、追求公平公正、坚持民主原则以及重视责任与义务"为原则的行政机制。这种机制必须突出人的作用，显示对人主观能动性的积极作用，以确保混合学习相关推进工作者的合法利益，并确保长效机制的效用。因此，我们需要加强教育领导人对教育规律的客观认识，以推动有效的行政机制建设。

　　优质资源的遴选机制是指在混合学习中，需要接入各类资源，但现实资源环境中存在不利于资源共享的若干因素，如缺乏资源评价标准、资源准入条件、资源投入机制、资源分层机制、资源评价机制、资源数据收集与共享机制等，导致了教师和学生资源上的渴求与海量资源共存的现实困境。为了保障优质资源的产生，在体制机制上需要制定相关资源标准，并建立资源立项、建设、准入、使用、评价和推出等规定，建立资源数据的共享机制，以促进资源的有效流动，从而支持混合学习的推进。

　　混合学习作为一种新的教学形式，其提供了更多的教学可能性和挑战性，与传统的教学方式相比，具有更大的变数。然而，混合学习的实施也因此变得更加复杂和具有挑战性，需要更多的理论和实践案例支持其推广与实施。为了促进混合学习的发展，需要持续地进行理论研究，并为这些研究提供充分的支持。这些方法包括提高教学学术的立项比例，逐步增加教改课题的研究经费，支持各类教学团队和科研创新团队开展混合学习的研究，鼓励有条件的学校设立相应的研究中心等。通过这些方法，可以夯实混合学习的理论基础，帮助教师实现向混合学习教学能力提升的战略性转变。

第十一章　混合学习模式构建及教学策略

第一节　混合学习模式构建的策略与建议

一、混合学习模式的选择策略

在《数字时代的教学：教与学设计指南》一书中，英国开放大学的创始人托尼·贝茨指出，对于混合学习中哪些任务应在线完成，哪些应面对面完成，或者何时在线学习比课堂教学更优等问题，目前尚无定论和理论依据。然而，在实践混合学习或运用混合学习策略时，我们必须面对并回答这些问题。有研究者试图通过分析学习内容确定最适合的教学方式，即传统课堂教学或在线学习。这有助于确定混合学习中面授和在线学习的比例。然而，这种方法仍存在一定局限性，因为它未考虑学生的不同需求、背景和学习目标等因素。因此，制定混合学习的具体方案仍需结合实际情况和个体差异进行综合考虑，如表 11-1 所示。

根据学习活动理论，根据分析认知目标、学生类型和客观环境的结果，选择相应的学习活动进行混合学习。在课堂教学和网络学习的不同功能作用下，可以设计多种混合学习模式。其中包括以课堂教学为基础、网络学习为拓展模式；以网络学习为先导、课堂教学为后继模式；以网络学习为主导、课堂教学为提升模式；以课堂教学为前奏、网络学习为后继模式等四种混合学习模式。每种模式都有其独特的优势和适用范围，教师需要根据具体情况选择和应用相应的学习模式。

表 11-1　适合课堂教学或网络学习的内容

适合进行课堂教学的内容	适合进行网络学习的内容
有利于进行合作，内容呈现方式为连续的、程序化的	有利于独立思考和总结，内容呈现方式为非结构化、非线性的
学生的学习动机较弱并且难以稳定和持续	学生具有较强的学习动机
内容比较复杂，可能会产生理解上的歧义，必须教师讲解，需要比较多地进行交流	基础和相对简单的知识，理解不易发生歧义和偏差
需要较多地考虑学生的态度、情感和行为	不用过多考虑学生的态度、情感和行为
侧重对知识的理解和记忆，含有比较复杂的动手和实践能力的内容	知识相对稳定，侧重基础知识
生生之间的知识准备和初始能力有差距	生生之间的知识准备和初始能力基本相同
围绕教学任务和教学目标，按照一定的结构设计出需要的媒体策略、交互方式等	以任务为导向，以完成一个任务为导向设计相关的媒体策略、交互方式内容

（一）根据教学目标

布卢姆在教育方面提出了三个领域的目标，包括认知、情感和技能领域。在认知领域中，教学目标被分为六个层次，分别为知识的了解、理解、应用、分析、评价和创造。在实际的教学实践中，需要根据不同的教学目标选择具体的混合学习模式。其中，以网络学习为先导、课堂教学为后继模式和以课堂教学为基础、网络学习为扩展模式适用于实现全面的基础教学目标，强调课堂教学的重要性。而以网络学习为主导、课堂教学为提升模式和以课堂教学为前奏、网络学习为后继模式更适合培养学生的自主学习、合作学习、探究学习能力以及实践动手操作能力。因此，在选择混合学习模式时，需要根据不同的教学目标具体分析，以达到最佳的教学效果。

（二）根据教学内容

一般来说，一个教学课程包含多个教学单元，每个单元又包括多个知识点。通过传授这些知识点，教师能够实现教学目标。知识点是教学内容的基本单位，而知识分类则用于确定每个知识点所属的类型，因为不同类型的知识需要采用不同的教学方法和方式。斯皮罗将知识分为结构良好领域和结构不良领域。结构良好领域的知识具有明确的定义和组织结构，这些知识可以通过直接的教学进行掌握。相比之下，结构不良领域的知识则缺乏明确的定义和组织结构，需要通过探究和发现的方式学习。

结构良好领域的知识可以直接应用相应法则或公式解决问题，例如，计算正方形或长方形的面积。而结构不良领域的知识则需要更深入的分析和构建新的方式与方法。对于基础知识和基本概念等结构良好领域的学习，以网络学习为先导、课堂教学为后继模式，或以课堂教学为基础、网络学习为扩展模式更为适用。对于意义建构和结构不良领域知识的积累，采用自主探究和合作学习的方式比较适合。在这种情况下，以课堂教学为前奏、网络学习为后继模式，或者以网络学习为主导、课堂教学为提升模式都可以实现这一目标。因此，教师应根据不同的教学目标选择合适的混合学习模式以达到最佳的教学效果。

（三）根据学生特征

学生学习是知识建构的过程，但学生的生理和心理个体差异需要教师了解。学生的个体差异对于实现教学的个性化设计具有重要作用。为了提供更加有效的教育，教师需要了解学生的学习基础、学习风格、学习能力、信息素养、学习动机和学习偏好等方面的信息。学习风格是指学生在感知、组织、加工和记忆等方面的个体差异方式，其中包括视觉、听觉和动觉等方面。此外，场依存性和场独立性也是衡量学习风格的重要指标，它们描述了学生对于外部环境和知觉场的依存程度。场依存的学生更偏向于从环境中获取信息，而场独立的学生则更容易从自身内部的认知过程中获取信息。教师应通过多种途径收集学生的学习风格信息，以便更好地理解学生的学习方式，并为学生提供适当的支持和指导。

网络学习可以与传统课堂教学相结合，采用不同的模式以适应不同类型的学生。对于学习能力强、信息素养高或学生差异大的班级，可以将网络学习作为主导，辅以课堂教学增强学习效果，或以课堂教学为基础，使用网络学习作为拓展模式，以激发学生的潜力和提高创造能力。对于学习基础差异较大的学生，网络学习可以作为先导，课堂教学作为后继模式，通过网络学习进行个性化辅导，以便更好地准备学习新知识。对于习惯依存型学习风格的学生，可以将网络学习作为先导，课堂教学作为后继模式，或将课堂教学作为前奏，网络学习作为后继模式。这是因为这类学生对社会环境中发生的事件更加敏感，更关注面对面交流，并倾向于自我建立结构。对于习惯独立型学生，可以将课堂教学作为前奏，网络学习作为后继模式，或将网络学习作为主导，课堂教学作为提升模式。因为这类学生更擅长通过自主学习获取信息，更喜欢独立思考，而网络学习可以提供更自由的学习环境，帮助这类学生更好地发挥自身优势。

（四）根据教学活动

根据实际需要和情况，混合学习模式应该具有一定的灵活性和可适性。对于需要集中时间进行讲授和讨论的班级与小组教学活动而言，可以采用以课堂教学为基础、网络学习为拓展模式或以网络学习为先导、课堂教学为后继模式的混合模式，以充分利用课堂教学的互动性和网络学习的灵活性。对于注重学生自主、合作和探究的教学活动，更适合采用以课堂教学为前奏、网络学习为后继模式或以网络学习为主导、课堂教学为提升模式的混合学习模式，以便于学生在自主、合作、探究的学习过程中更好地发挥自身的潜能和优势。

综合考虑以上四种要素，选择适宜的混合学习模式，能够更好地增强学生学习的效果与体验感，简单总结见表 11-2。

表 11-2　混合学习模式及选择考虑要素

混合学习模式	考虑要素			
	教学目标	教学内容	学生特征	教学活动
以课堂教学为基础、网络学习为拓展模式	知识的理解、独立学习能力、知识应用能力	难度相对大、节构知识、拓展性知识	信息素养高、场依存型、个性需求高	课堂讲解实践，网络拓展性学习
以网络学习为先导、课堂教学为后继模式	知识的理解、问题的解决能力	难度相对大、良构知识	个体差异大、场依存型	网络预习，课堂讲授重点、讨论交流
以网络学习为主导、课堂学习为提升模式	自主学习能力、问题解决能力	难度相对小、劣构知识	差异大、信息素养高、个体差异大、场独立型	网络自主协作学习，课堂总结提升、问题解决
以课堂教学为前奏、网络学习为后继模式	独立学习能力、问题解决能力	开放性强、难度相对大、劣构知识	信息素养高、场依存型	课堂讲解重点、案例分析，网络自主协作探究学习

　　在实际的教学中，为了满足不同学科、教学内容和学生的需求，教师常常会采用四种基本的混合学习模式进行灵活的组合。这些混合学习模式的多样性和灵活性体现了混合学习的魅力。随着混合学习的不断发展和演变，新的混合学习模式也不断涌现，为学生提供更好的学习体验和更高的学习效果。因此，混合学习在教学中扮演着越来越重要的角色。

二、教学策略

　　研究发现，教师在运用混合学习模式时存在一些普遍问题，如计划和监控不足，反馈不及时、不充分，缺乏情感引导和个性化辅导，以及协作学习时缺乏任务把握等。为了解决这些问题，可以采取以下教学策略："计划—监控—反馈"策略，即制订详细的教学计划，监控学生学习情况，及时提供反馈；"激励—个性化辅导"策略，鼓励教师与学生进行情感交流和个性化辅导；"分组—协作—展示"策略，让学生在小组中共同完成任务，展示自己的成果，促进有效参与；"资源分享—互助答疑"策略，鼓励学生分享学习资源，相互帮助解决问题。通过这些策略，可以提高教学质量，促进学生学习效果的提升。

（一）"计划—监控—反馈"策略

进行混合学习时，需要明确定位和目标，并将课堂教学和网络学习相互配合，以发挥最佳的协同作用。在教学开始之前，需要进行规划和安排，这可以通过使用学习任务单、导学案或学习指南等工具实现。这些工具可以告知学生具体的学习安排和任务，明确学生需要在接下来的学习中完成什么以及需要达到什么目标。这样可以让学生清晰地了解自己的学习目标，增强自我管理和导航能力，从而实现学习目标。因此，制订明确的计划是进行混合学习的重要步骤之一。

网络学习需要学生具备较强的自律和自主学习能力。学生若缺乏自我约束能力，就会影响教学目标的实现和教学进度，同时，还可能陷入网络娱乐和游戏中无法自拔。因此，教师需要监控学生的学习情况，包括微视频观看情况、作业练习准确性和网上发言等，关注学生的学习进度、状态和效果，引导学生自我管理和自我约束，提高自律性，让学生认真投入学习、满足深层次的学习需求，提升自主学习能力，发现学习的乐趣。因此，教师在进行网络教学时需要引导学生发挥自主性和自我约束力，以提高学生的学习效果和自主学习能力。

目前，教师在工作中将80%的时间用于备课、授课和组织考试等统一活动，仅有不到20%的时间用于为学生提供个别辅导和反馈。然而，实际上，教师应该是学生学习中的合作伙伴。除了传授知识外，教师还应该为学生搭建起各种学习经验之间的桥梁，帮助他们发现知识之间的联系并建立联系。同时，教师应该及时提供反馈和评价，鼓励学生及时向同伴或教师寻求学业帮助。教师和同伴的反馈有助于学生发现自己的不足并解决问题，加强学生之间、教师和学生之间的交流与互动。

（二）"激励—个性化辅导"策略

在混合学习中，个人的兴趣和目标是至关重要的。教师可以激发学生的兴趣，帮助他们更积极地学习，这有助于学生更快速地取得成功。激励是教师激发学生学习的动机，调动其积极性和创造性，以助其朝向所期盼的目标前进。在混合学习模式下，教师有机会了解学生的差异，为他们提供个性化的辅导和学习内容，以满足他们的个性化需求。教师可以利用学生在线学习数据提供指导和激励，以了解学生的学习情况，帮助学生发现最有效的学习方法，并解决个性化问题，提供完善的个性化辅导。

教育中的激励策略至关重要。不同的激励方法可以帮助学生实现目标，获得成就感和自信心。常用的激励方法包括目标激励、榜样激励和情感激励。目标激励可以通过设置有吸引力的目标激励学生。教师可以为学生设置适当的目标，或者将长期、困难的目标分解为具体、近期、简单的目标，以帮助学生更好地实现目标。同时，教师也要及时给予学生鼓励和激励，以促进学生的成长和进步。榜样激励可以通过突出的、典型的人或例子激励学生。榜样可以是名人、伟人或身边的典型人物。通过榜样的例子，学生可以树立起良好的品德和行为榜样，并获得更多的自信心和动力。研究表明，对于成绩较差的学生，树立近期取得进步的同学作为榜样比把"尖子生"作为榜样更加有效。情感激励可以通过赞美、支持、理解和关爱激励学生。教师可以给予学生积极的情感反馈，让学生感受到自己受到重视和关注。情感激励可以帮助学生建立积极的情感状态和自我认知，增强学生的学习动力和积极性。

赞扬激励是一种有效的教育策略，对于中小学生来说尤其有效，可以提高他们的自我效能感。教师可以积极地鼓励学生，例如，告诉他们"你有能力完成这项任务"，"虽然这个问题有点难，但是你可以思考一下并找到答案"。这些积极的鼓励可以激励学生努力学习，也可以增强学生的自我效能感。在混合学习中，情感激励变得更加必要。多样的交互方式为师生情感交流提供了方便，有助于建立友好和睦的师生关系，激励学生前进。这种情感激励不仅可以提高学生的学习兴趣，还可以增强他们的自信心，激励他们更加努力地学习。

（三）"分组—协作—展示"策略

协作学习是指学生与同伴一起探讨学习中遇到的问题。这种学习方式可以在课堂内外进行，也可以通过网络实现。在混合学习中，协作学习需要包括个体与个体、个体与小组、小组与小组之间的协作，通过合作解决学习中遇到的困难，丰富对所学内容的理解，并在协作过程中培养学生的社交能力。形成协作小组时，教师可以制定分组，也可以让学生自由选择组合。正确的分组方式是协作学习顺利实施的根本保障。

研究者普遍认同按照不同情况如成绩、能力、性格等对学生进行异质分组的原则。这种分组方式旨在鼓励同伴互相学习，取长补短。小组人数最好为3～5人。人数太少会导致某个成员掌控整个小组，也不利于解决问题和任务。人数太多则难以让每个学生都积极参与学习活动，同时，对教师的监管要求较高。

协作学习适用于复杂学习任务，特别是当学生独立完成任务困难时。针对不同任务难度，需灵活运用该方法。对于简单任务，如测试、练习和提问等，学生可以独立完成，无须协作。而对于复杂任务，如需要探究和理解的学科知识，学生可采用协作学习。在协作学习中，学生与同伴合作，共同探讨、交流和解答问题。例如，在教学《边城》时，为帮助学生更好地理解作品，可提供研讨题并让全班分成小组进行协作学习。在这个过程中，学生可以相互讨论、补充和提醒，深入理解和记忆知识点。同时，学生也能从其他同学的角度和思路中学到新的见解与知识，增强学习效果。

协作学习是一种处理开放性问题的可靠方法，适用于没有统一答案或有多种解决方案的问题。在初中物理课堂教学中，学生需要解决软管吸出泡沫的问题。教师可以通过引导学生进行小组讨论、交流或协作实践，帮助学生拓展思路、找到解决问题的方法和方案。不同小组之间可以形成不同的解决方法。在利用协作学习策略时，需要根据学习任务的性质和学生的需求组织协作学习。协作学习不应该为了追求协作而协作，而是教师需要给出清晰的指导和目标，并及时提供反馈，以鼓励学生通过协作学习促进学习成果。

协作学习应该追求多样化的形式。目前，在混合学习案例中，大多数采用小组协作学习，但是多数形式都是类似学生相互讨论、完成后举手发言的形式。这种单一的协作形式容易降低学生的积极性，影响协作学习的效果。因此，我们需要注重成果展示，丰富协作学习的形式，如抢答竞赛、辩论、角色扮演、成果汇报、展示等都可以应用于混合学习教学中。这样可以更好地激发学生的兴趣和积极性，增强协作学习的效果。

协作学习的有效性在于每个成员的参与。然而，有时会出现"搭便车"的现象，即某些成员只承担很少的任务或不做事情，而其他成员则承担了大部分任务。为了避免这种不平衡的参与，需要注意以下几点。

首先，明确分工。教师应该指定每个成员需要承担的任务和责任，以提高小组成员的参与度。小组分工应该得到明确的监督和实施，小组成员之间应该相互监督和鼓励，以提高协作学习的效率和效果。

其次，给每个成员机会发言和展示。小组协作要避免某个成员控制话语权的现象。可以轮流选择小组代表发言和展示成果，或在成果展示和汇报时由教师随机指定小组成员。这样可以给每个成员展示和锻炼的机会，同时，也可以避免学生"搭便车"的侥幸心理。

再次，丰富协作学习形式也是提高每个成员参与度的有效手段。例如，可以采用抢答竞赛、辩论、角色扮演等形式，促进每个小组成员的积极参与，增强学习效果。

最后，应该提供支持和鼓励。教师应该鼓励小组成员参与讨论和合作，提供必要的支持和帮助，以帮助每个成员充分发挥其潜力。同时，也应该认可小组成员的贡献和努力，并及时给予肯定和表扬。

（四）"资源分享—互助答疑"策略

混合学习提供了多种教学资源，教师和学生可以通过分享与推荐来分享这些资源。教师在分享教学资源时需要考虑学生的需求，包括内容的实用性、趣味性、条理性和指导明确性等。然而，教师应精心挑选分享的教学资源，不要过多，以免使学生感到疲倦和心理压力增加。在混合学习的"基础—拓展"模式中，网络学习阶段是对课堂所学内容的拓展和延伸。该阶段可以提供复习和巩固的学习资源，并为学生提供选择相关知识背景的自主学习机会。例如，在学习小说《边城》时，教师提供了人物纪录片《先生沈从文》和电影《边城》的链接供学生自主选择学习，以扩展学生的阅读空间和文学素养。这些活动都是为了提供学生拓展学习的建议引导，而不是强制性的。这样既可以减轻学生的压力，又可以为真正感兴趣的学生提供深入学习的机会。

在必须学习的资源中，混合学习的"先导—后继"模式是重要的。在课堂学习前，教师需要提供先导性的学习资源，以确保学生在课堂学习中掌握知识。先导性学习资源直接影响教学效果，教师在分享资源时要简单介绍知识点和使用方法，确保学生做好知识和心理准备。

学生之间的资源推荐可以增强他们的搜索和发现能力，并促进学生之间的交流和探讨。然而，这也可能导致一些问题，如资源的质量和随意性。因此，教师需要制定规则，要求学生在推荐资源时解释其原因。教师应该注意学生的动态，筛选学生推荐的资源，并将它们整理成学生推荐资源库，供有兴趣的学生浏览。另外，这还可以激励学生积极推荐更多的资源。

混合学习为教师和学生提供了多种交互方式，包括面对面交流和网络平台、社交软件等在线交流方式，以提高教学效果。在答疑解惑方面，教师需要根据学生的提问，对问题进行概括总结、提高答疑效率。例如，对于学前教育专业的学生而言，在网络学习阶段可以要求他们观看相关微视频，并提出问题，以帮助他们熟悉相关的教学内容。在讲课时，教师可以通过互动的方式，引导学生理解和记忆相关概念。例如，在讲解《集合之间的运算》时，教师可以让学生说出每个手指的名称，进而引导他们理解集合的概念。通过纠正学生的错误称谓和观察两只手伸出的手指，教师能够形象地介绍交集和并集的含义，有助于学生理解和记忆相关概念。在答疑中，除了教师的解答外，学生之间也可以进行互动答疑。这种互动方式可以促进学生之间的交流和合作，共同解决问题。混合学习的交互方式丰富多样，有助于教师和学生之间的有效沟通与学习。

在学生互助答疑阶段，教师应该给予及时的反馈，纠正错误的回答，引导学生接近正确答案。教师应当尊重学生的探索过程，鼓励和激励他们，提高学生自信心和解决问题的积极性。同时，教师需要对学生协作解决问题的成果进行总结，提供最佳答案以便参考。这样可以提高学生的学习效果，并增强他们对学习的信心。这个过程对于学生来说是一次重要的思考和学习机会，教师应该认真对待。

第二节　混合学习模式的评价策略研究

一、教师观念转变策略

教师的观念对学生的行为产生重要影响，因为他们不仅支配自己的行为，也对学生的观念产生影响。研究表明，教师对评价认识不足是混合学习效果不佳的原因之一。这种问题可以分为两类：第一类，教师缺乏对评价模型的了解，解决策略包括理解素质发展内涵、全面评价学生价值、有意识地转移评价主体、理解深层公平等；第二类，教师对混合学习的理解过于表面，解决策略包括适应"学生中心"的观念、重新定义工作重心、深入理解混合学习的意义、树立信息意识和自我更新意识等。这些策略可以帮助教师解决他们在观念层面存在的问题，提高混合学习的效果，从而更好地支持学生的学习。

（一）理解素质发展的内涵

为促进学生素质的发展，教师需要避免一个常见的误区，即不是每种评价都能全方位地促进学生的发展。然而，整个评价体系的每个步骤和每个维度都应该以促进学生的发展为目的。这就是混合学习模式评价最重要的意义所在。在实施评价时，教师需要反思以下几个方面。

首先，素质的内涵应该包括哪些方面的内容呢？素质不仅仅是智能，而是更广泛的内容，特别是对社会的适应性。这已经得到了教育界的广泛认可。在本书中，对社会的适应性即指对"互联网+"时代的学习和生活的适应能力，包括利用网络主动学习、探索和解决问题的能力。因此，教师在设计评价体系时需要反思学生素质的内涵，并审视评价体系是否促进学生的全面发展，而不是单一素质的发展。

其次，怎样的学习方式能被认为是成功的呢？这涉及教育观念层面，即教师应该肯定每个学生的价值和尊严，相信顺应人性和天赋的发展是可以实现成功的，应让学生的素质发展适应他们的天性。然而，一些教师仍然认为只有按照他们的预设道路学习，学生才能获得"成功"。这种观念所谓的"成功"实际上是一种"失败"。

因此，教师必须接受并理解素质全面发展的重要性。只有这样，在评价中才有可能设计出健全的评价体系，从根源上瓦解学生对评价的不信任、对评价过程的抱怨以及对评价结果的质疑。这不仅有利于学生的全面成长，对于社会的发展也具有重要的意义。

（二）全面评判学生价值

评价在学习中扮演着重要的指挥棒角色，因为它决定了学生关注什么。这一点在本书中得到了再次证实。值得注意的是，在学习过程中，三位被试者表现出了一些出人意料的行为。例如，他们分工合作完成作业、在视频中关闭声音消磨时间、提交其他科目的作业代替本科目的作业……每个行为的背后都反映出不合理的评价方式。这表明教师对于学习的价值观存在问题。教师似乎只关注检测题是否正确，以及是否按时完成期末作业，而这种价值观念对学生的思想产生了不利的影响。学生需要知道，除了这些表面的要求以外，还有更重要的学习目标需要关注。

教师的价值观是基于个人思维感官之上做出的认知、理解、判断或抉择。它体现了人、事、物的一定价值或作用，教师需要树立正确的价值观，将学生的信息素养养成、自我控制水平提高、认知能力发展作为评价的出发点和落脚点，全方位发掘学生的潜质，给学生以"天生我材必有用"、过程结果同等重要的暗示。教师需要通过语言直接向学生表达正确的价值观，告诉他们为什么信息素养、自我控制以及认知能力比具体的知识更重要。同时，教师自身也需要从观念上做出引导和表率，从心理上认同这种价值观，体现正确的观念，并在评价中时时、事事遵循正确的观念，完成价值观的教育。这样才能做到全面发展学生的潜力，促进其全面成长和发展。

（三）有意识转让评价主体

现在的某些评价方式存在的最直接的问题就是评价的主体仍有且只有教师一人。对教师而言，其要有把评价的权利交给学生的意识，在学习过程中完成的、建构学生学习活动价值的过程，一般由教师的评价、学伴之间互评以及学生自评综合而成，但目前一些教师不愿放权、仍垄断评价的话语权，这就让学生和评价者之间展开了猫与鼠的游戏，背离了评价促进发展的本质。

在教育中，评价对于学生的学习发展至关重要。教师需要接受评价的观念，而任何他人的声音都不能替代学生自身的感受。学生在学习和评价中是主体，自我评价在混合学习中具有关键意义。这种自我评价既是教师了解学生学情的最重要、最真实的依据，也是教师对症下药、发挥引导作用的前提。然而，许多教师不愿意放权，或从思想上不信任学生。他们认为一旦自我评价占据主导地位，学生就会"失控"。但事实上，这里强调的是一种适度的放权，而不是教师失去管理权。适度的放权意味着教师仍需发挥引导作用，但需要从引导学生"做什么"的方式，变成引导学生"怎么做"。此外，与低龄学生不同，大学生在认知发展阶段上拥有一定的自我管理能力。因此，教师不应低估学生的自我管理能力，而是应该给予学生足够的信任和责任感。信任会传递给学生一种自我管理的责任感，这种方法的效果往往优于强权和高压的管理方式。

（四）理解深层公平

研究发现，一些教师虽然采用了混合学习，但仍然将所有指标量化并按照同一标准评价学生的成绩。这是为了减轻工作量，而且，从教师的角度来看也是最公平的。然而，这种做法忽略了质量评价的重要性，其根源在于教师对公平的误解。为改变这种现状，教师需要深入理解教育公平的内涵。

深层教育公平基于承认个人主观差异和环境不同的前提。个人主观差异包括三个方面：自然禀赋差异、生活目标和理想差异以及环境差异。自然禀赋差异是指天生的能力和素质不同，这种差异不可避免但会影响学习成果。教师应正确看待这种固有差异，重视每个学生的发展条件和起点，以个性化评价和引导为出发点，充分发掘他们的潜能并提高发展水平。生活目标和理想差异是指学生自己选择的生活方向和如何发挥个人天赋实现目标。无论学生选择何种理想和目标，只要是正义的，教师都应尊重他们的选择，不应有任何贬低和歧视的行为。环境差异是指家庭和社会环境的不同，在不同环境下学生的学习和发展机会会有所差异。为了促进深层教育公平，教师应通过优质教育资源的均衡分配和提供更多的支持弥补环境差异对学生发展的不利影响。教师在学生教育中扮演着至关重要的角色。然而，教育公平问题在教育领域中一直备受关注。因此，教师在此问题上需要发挥更大的作用。教师应该通过评价的指挥棒引导学生全面认识自我，找到最适合自己发展的道路。同时，教师还应该传授给学生"行行出状元"的理念，而不是将其带入"万般皆下品，唯有读书高"的误区。在教育评价方面，教师需要深度理解教育评价的公平与正义，让每个学生在社会中都找到最适合的位置。这一点在大学尤其重要。教师应该关注学生在学习过程中的实际付出，从起点和终点的距离以及努力的方向是否正确评估学生的学习成果。努力程度是人为可控的因素，也是教师发挥作用的重要因素。从环境因素的维度来看，教师应该肯定环境条件带来的发展差异，并有努力消除现阶段环境中的不平等因素的意识。教师应该帮助学生克服来自环境的各种障碍，同时，提供平等的机会和资源，使学生有更好的发展机会。

学生在环境中遭遇的不平等因素包括学校中存在的二元评价和成长环境不平等带来的学习表现差异。教师常常以学生的成绩高低、优劣等为标准来评价学生，这种思路应该被摒弃。教师需要从多个维度评价学生，不能因为学生在某个方面表现不好而否定其整体价值，更不能因此剥夺学生享有教育资源的权利。成长环境不平等也会影响学生的学习表现。以混合学习为例，它需要学生适应信息技术，但有些学生可能在信息技术方面较落后，导致适应较困难。要实现真正的公平，就需要充分了解学生的经济文化背景和适应性。这些因素会影响学生的学习表现和成绩，教师需要从观念上接受并理解这些因素，才能体现教育的深层公平。需要强调的是，这并不与量化评价方式相矛盾，如在线检测等。关键在于教师需要把评价的重点放在理解学生表现和成绩背后的因素上。只有真正理解了教育公平，才能设计出正确的评价方案，为每个利益相关者都找到适宜的话语权。

（五）适应新学生观

研究表明，教师应该将自己的认知重心从自我中心转向学生中心。学生的自主性在学习和评价中缺乏，他们处于"按部就班"的状态，完全按照教师的要求完成任务。这部分问题来源于学生在十几年的学习生涯中养成了对教师过度依赖的习惯。另外，教师在推行混合学习之前，也没有对此有充分的认识。因此，作为教师，首先要认可学生的主体地位。特别是在混合学习中，确立学生的主体地位非常关键，因为只有这样，混合学习才不会只是形式上的变革，才能真正取得成功。

教师应该承认学生的主体性，尊重并认同学生对自己的规划，为学生留出计划的余地和权利。教师应该负责"审批"和"指引"计划，掌控全局，并判断计划的合理性。教师需要从内心深处尊重学生为自己制订计划的权利，并相信他们能够在教师的指导下制订出最好的计划。教师承认学生的主体地位，应该放手让学生自己去获取资源并解决问题，相信他们能够按照计划完成任务，并具备解决问题的能力。教师应该避免过度限制学生的思考和行动，以摒弃过去将学生框死的思维方式。在学习过程中，教师应该明确视频资源是支持学习的介质，而不是代替教材的新权威。教师还应该承认学生的主体性，以促进学生全方位的发展为目标，而不是以完成教学任务为目的。这样一来，系列教学与评价方式自然地以学生的发展为导向。

（六）重新界定工作重心

教师在采用混合学习后，其精力投入的重点发生了转移，但这并不意味着减少了教学工作量。相反，教师在使用混合学习后，发生了一些变化，例如，不需要每节课都亲自到场，课时数减少了三分之一；客观题可以由系统自动批阅，教师不必亲自改作业；过去上课随时回答的问题可以积累到一定数量，上课一起答疑；视频可以替代教师在课堂教学中系统地灌输新的知识。然而，混合学习并不是为了减轻教师的工作负担或者取代教师的职责，而是为了提高学生的学习效果和满足不同学生的学习需求。混合学习可以通过在线课程、视频教学、虚拟实验等方式，为学生提供更加个性化的学习体验，使学生可以在自己的节奏下进行学习，并且可以在需要时随时向教师寻求帮助。这种方式可以提高学生的学习兴趣和积极性，从而进一步提高学习效果。

因此，教师应该正确地认识混合学习的意义和目的，并且适应和引导学生在混合学习环境下进行学习。教师应该成为学生的指导者和支持者，与学生一起制订学习计划、设置学习目标，以及提供学习反馈和评估。通过混合学习，教师可以更好地了解学生的学习需求和进展情况，并且为学生提供更加个性化的学习体验和支持，从而增强学生的学习效果和成就感。

大部分教师能够认识到教学系统可以取代他们完成一些机械化的工作，如客观题的批改。但他们往往难以理解自身在混合学习中的不可替代性，这需要教师重新理解自己的意义。混合学习实际上是将教师的精力投入更有意义的领域，即引导每个学生的个性化发展，并尽快回答学生的问题。然而，要实现这一目标，教师必须关注每个学生，了解他们的学习风格、学习特点和学习进度。与传统教学相比，混合学习对教师的时间和精力投入要求更高，而不是更低。许多教师在推行个性化学习时，仍然将班级视为一个整体，没有真正理解个性化教学的内涵。混合学习对于这些教师来说，是一种解脱的方法，但结果往往是让学生脱离管制，导致学习效果不佳。

（七）理解混合学习的意义

有些教师仍然停留在旧有思维模式中，认为混合学习只是一种传递知识的方式，仅仅是将课堂内容搬到视频上而已。但实际上，混合学习对学生的要求是全方位的，远不仅限于知识层面的提升。教师需要培养学生的信息素养、自我控制能力以及人际交互技能。他们应该认识到，混合学习不仅是一个窗口和切入点，还需要学生能够应用信息技术获取信息、批判理解学习资源，并且拥有积极融入信息社会的态度和心向。混合学习还需要帮助学生管理好自己的学习态度，制订好学习计划，并监控好学习过程。除了包括视频学习外，混合学习还包括独立学习与合作学习的混合。因此，教师需要有意识地在教学过程中培养学生的求助、讨论和共享能力，从而在长期的学习过程中对学生的全面能力产生积极的影响。只有当教师的观念摆脱狭隘的认知，对混合学习有了更为全面的理解和认识，他们才能有效地指导自己的行为，从而为学生各方面能力的有效发展打下坚实的基础。

（八）树立信息自我更新意识

教师需要具备信息意识和自我更新意识，才能更好地利用信息技术进行自我更新。信息意识包括对信息技术的认识，了解其优点和缺点、功能和隐患，避免极端观点的存在。有些教师认为信息技术可以取代传统的学校和课堂，而有些教师则认为它只会破坏教学秩序。在实践中，后者更为普遍，很多教师不愿意接受信息技术的影响。教师应该把信息技术视为生活的一部分，并在日常生活中养成使用网络资源解决问题的习惯，这样能够拓宽教师的思路，提高对网络功能的认知。在混合学习中，教师不仅限于使用少量的视频资源，而是能够主动建立起资源库和教学内容之间的联系。自我更新意识是教师不断学习和适应新技术的意识。教师应该保持开放心态，接受新事物，并不断更新自己的知识和技能，以更好地满足学生的需求。这样的意识不仅能够提高教师的教学效果，还能够让教师与时俱进，保持竞争力。具备信息意识和接触新生事物的意识，是现代教师必备的素质。积极接纳新技术，不断更新知识，追求进步的心态也是自我更新意识的重要组成部分。具备这些素质的教师会不断关注资源、技术更新，比学生更早了解最前沿的信息，并将其应用于教学中，提高知识传播的效率。在如今这个"互联网+"时代，学习资源极为丰富，因此懂得终身学习是尤为重要的。对于不懂得学习进步的人，时代将会把他们淘汰。因此，教师需要懂得更新自己的技术、理念，以及专业领域和教育领域的知识。通过自我反思和自我督促，教师可以不断走向新的高度，实现自我更新，提高自己的教学水平。

二、教师行为转变策略

（一）对学生自评培训

为了让学生学会如何自我评价，教师需要进行系统的自评培训。这种培训需要覆盖以下方面：自我评价的方法、基本的评价维度、标准、环节和时机等。这些都需要通过正式的讲解和演示进行学习与掌握。对于大多数学生来说，自我评价可能是一件陌生的事情。他们已经习惯了被教师或其他人评价，一直处于被动地位。让他们自己评价自己可能会让他们感到不知所措。因此，教师需要关注学生的自我评价，而不仅仅是关注他们的学习进度。为了改变这种情况，教师需要在课程开始之前对学生进行系统的培训，具体如下。

第一，教师应当向学生讲解自评的重要性，并向他们传达这不仅仅是一种形式，更是能够实实在在促进他们学习的方式。通过自评，学生可以建立起对自己的评价自信心。

第二，教师需要告知学生在何种情况下自评、反思才更为有效，当然，这是因人而异的。对于那些还不熟悉自评的学生而言，教师可以向他们介绍最佳的自评时机，以便他们更好地掌握这一技能。

第三，教师需要向学生介绍一些基本的评价方法，例如，档案袋评价和反思日记等。在教授这些方法时，教师需要详细讲解每个步骤，并在学生熟练掌握之前一直进行指导。

第四，教师需要向学生解释自评相关的概念和维度。对于那些不熟悉自评的学生来说，评价的维度需要逐一解释，例如，学习开始前的自我分析，包括认知风格、学习起点等的分析。教师需要首先向学生解释何谓认知风格、学习起点，其次向他们阐述这些指标的操作性定义。

第五，教师应将自评作为学生打分的重要组成部分。这种方式最好在自评训练的初期就应用，以培养学生习惯这种方法。教师应充分发挥评价的指挥棒作用，确保学生能够正确理解和运用自我评价的方法。

在适应这种评价方式的初期，可能会出现与学习内容本身无关的内容占用课堂教学时间的情况。然而，这是师生共同适应新评价方式的必要准备，只有通过全面转变学习方式和评价方式，才能实现学生的全面发展。

（二）调整传统评价方式

教师在引导学生适应自我评价的同时，需要调整原有的评价方式。这个调整的总体思路是降低对最终成绩的评价比重，同时，增强各类学习过程的检测的合理性。具体来说，可以采取以下方法。

首先，教师在评价学习成果时，应当适当降低终结性评价的比重。在这项研究中，学生对于最终成绩的质疑主要有两个原因：第一，最后的小论文所占比例过大，而且与本门课程的实际收获无关；第二，传统期末考试所占总分的比例过高，有时高达50%或以上。这种做法是不合理的，因为现代学生不应该把成绩看作他们努力学习的唯一目标。教师应该采用更加合理的评价方式，平衡考核过程和学习成果之间的关系。这样可以更好地解决学生在学习发展过程和考核成果之间的矛盾。

其次，为了确保评价的合理性，教师应注意以下几点。第一，应确保引入的评价指标是有效的，不要为了利用网络而滥用指标，否则会干扰教学并使评价变得不透明。第二，对于学习时间等指标，应有相应的监督和考核机制，以证明学生确实在这段时间内努力学习，并且时间和精力的投入是相关的。第三，对于在线测验等实时考察学情的指标，需要对其信效度进行最基本的分析，例如，开卷还是闭卷、是否有时间限制、是否独立完成等要求必须明确。如果要求不明确，则学生很可能采用最少投入但结果最好的方式来完成。第四，对于信效度的考察，教师不需要从统计学的角度来考虑，只要自己花时间做一套题或认真思考出题方式即可判断整套测验是否有意义。

（三）调整多方利益相关者的话语权

教师在评价过程中扮演着关键的角色，但要提高学生的主体性，就必须增强学生在评价体系中的话语权。为了促进学习共同体的建设和学生之间的交流，需要合理地安排和设计，让相关利益者在评价中发挥作用。因此，学习过程中主体性的改变与每个人在评价体系中的话语权大小息息相关。教师应该掌握每个人的权利，使评价朝着最有利于学生发展和共同体建设的方向发展。具体操作如下。

提升学生地位，以反思与感受作为评价依据，是教师应该追求的目标。教师应该关注学生反思的时机、内容的准确性和反思是否带来了进步。学生的学习起点，也就是学习初始的自我分析，是衡量学生是否有进步的重要依据之一。

教师要重视学生的主体性，不仅限于个人，还包括学习共同体。为创造良好的学习氛围，教师应该提供互相评价的机会，如合作完成任务、小组共同探索问题、小组竞赛等，并认真记录小组成员的评价。这样可以帮助学生塑造健全的人格，提高合作的能力。

不同的学习方式对结果的影响也是不同的。学生自评、同伴互评和教师评价等，对结果的影响与学习方式密切相关。在以合作为主的混合学习中，同伴互评应该得到一定的重视。而在自主探究或以传统讲授为主的学习方式中，同伴互评对结果的影响就降低了很多。

重要的是，在任务中，个体的主体地位应该得到保障。即使是在合作学习中，个体的自我感受和反思也应该是最重要的。任务中的其他部分应该被用来帮助个体解决问题，以便学生能够获得更全面的自我认识。因此，任务不能喧宾夺主，以他评替代自评。

（四）推行学生主导的评价体系

教师应该尊重学生的个性和选择，特别是在混合学习评价中。评价的目的是促进全面素质的发展和顺应个体的天赋。在评价过程中，教师应该肯定学生的价值，但不是纵容其随意生长。

首先，教师要尊重学生的个性，包括学习方式的选择。科学和实践都表明，学习方式因人而异。教师应该根据学习内容为学生提供一些方式上的建议，但不能像某些案例中那样，强制整个班级在整个学期中采用同一种方式。只要能最大限度地促进认知的发展，该方式就是好的。

其次，教师应该尊重学生的自我选择，包括对资源的选择。这在混合学习中非常重要。相比过去，教科书是唯一的知识载体，现在有很多文本、图片、视频等都是知识的载体。教师可以向学生推送或分享一些高质量的学习资源，但不能强迫学生使用低效的资源，如某些案例中教师强制使用的视频资源。如果学生明确表示这些资源质量太低，那么教师就应该尊重学生的选择，让他们自由选择有意义的内容。当然，教师也应该严格把关，并积极调整统一的学习资源，以解决学习过程中出现的问题。

最后，尊重学生个性也意味着尊重他们的学习成果。传统的评价方式过于单一，只关注内容掌握和认知水平的发展。但除此之外，还有许多值得肯定的成果。当教师赞扬非预期成果时，学生才能发现学习带来的惊喜和意外发现的意义。这种认可是有意义的，只有这样，学生才能真正体验到学习过程的乐趣和无限可能。

（五）培养获取、应用、建构资源的能力

教师应注意培养获取、应用、建构资源的能力，具体措施可采取如下。

第一，现代教师需要具备获取资源的能力，包括知道哪里可以获取资源，以及如何获取资源。网络信息已经成为获取资源的普遍方式，现代教师可以直接登录 Internet 或使用 IE 浏览器进行浏览。除了网络以外，教师还可以关注一些高质量的学习网站，以便更加有效地获取教学资源。与普通网民不同，教师需要有能力快速而准确地使用搜索引擎，以便获取需要的资源。通过掌握关键字提炼技巧，大多数情况下，现代教师可以轻松地利用搜索引擎获取所需资源。因此，获取资源已成为现代教师必备的技能之一。

第二，教师需要能够善于利用资源，将其转化为教学辅助工具。这是教学中不可或缺的核心环节，同时，也是保证教育主体地位不动摇的关键。在混合学习中，广泛采用录音、录像等资源模拟真实教学过程，教学软件也逐渐取代了传统的教学方式，使教师的作用变得微乎其微。但是，教学软件的教学内容组织和呈现方式十分单一，在研究中只发现了一种形式——学习视频。然而，这种视频只能提供讲解，不能针对性地解答学生的问题，因此存在着很大的局限性。混合学习的出现正是为了弥补纯在线学习的缺陷，重新将人的主动权交还给教育者。然而，在实践中，一些教师已经把视频资源当成了自己的替代品，而不是教学的辅助工具，丧失了对教育主体地位的重视。要改变这一现状，教师需要在资源应用中掌握主动权，思考如何利用资源更好地辅助教学，而不是考虑资源如何取代自己。教师需要具备判断资源价值的能力，能够识别出高质量资源并将其甄选出来，而将低质量的资源剔除。这样才能为学生提供更好的教育体验，提高教学效果。

第三，优秀的教师需要具备数字化教学资源开发的能力，这需要在获取和应用资源的基础上，提出多一重的要求。数字化教学资源主要是指以数字化的形式体现的教育教学软件资源，包括教育资源管理软件和教学应用软件。前者主要是资源管理、教务管理方面的，教师只需要熟练操作即可，重点是后者。教学应用软件有多媒体教学软件、网络课程和教学网站、网络课件、精品课程、课程积件和测试评价类软件。教师应该尝试制作一些多媒体软件，这是难度相对较低的一类。之后可以尝试课程积件，这属于基础阶段，比较小，能反映某个知识点或单一知识信息，因此，教师可以以此尝试课程资源的开发。至于精品课程或网络的建设，则需要一套成体系的开发流程，包括需求分析、教学设计、系统设计、脚本编写、素材准备、教学软件制作、评价修改、产品的成型等一系列核心环节，一般是由制作团队完成的，单个教师很难完成。因此，教师应该在自身能力范围内探索数字化教学资源的开发，以提高自己的教学水平，促进学生的学习。

（六）掌握并培养学生媒体操作技能

为了帮助学生掌握各种学习软件和媒体工具，教师需要具备熟练操作的技能，并积极创造机会，帮助学生获得这些能力。

第一，教师需要熟练掌握多媒体辅助教学的技巧。根据不同的教学形式和策略，多媒体可以被分为七种类型：课堂演示型、操练与练习型、指导型、资源型、模拟演示型、教学游戏型、发现学习型。编制 PPT 教学材料是使用媒体的最基本的技能之一。PPT 可以将图像、文本、声音、视频等多种媒体元素融合在一起，使教学内容更加生动、直观。然而，对于混合学习来说，技术的要求远不止于此。除了 PPT 和一些现成的教学视频以外，还有很多适用于移动设备的 App 可以用于操作练习和测试，也属于多媒体的一部分。教师需要不断发掘并善于使用这些软件。

第二，教师拥有更强的媒体辨别能力，能敏锐地洞察每种媒体或技术的不足，且掌握基本的媒体选择与应用原则。只有在多媒体技术方面进行了充分尝试并明确了优缺点，教师才能找到最佳资源组合并向学生推荐。然而，在混合学习的实践中，教师往往只是简单地将视频和课后练习直接呈现给学生，忽略了其他资源的介入以弥补视频单调和练习过于机械的缺陷。为克服这些问题，教师需要深入了解教学媒体的类型、优势和弊端，以遵循基本原则进行选择和应用，包括目标控制、内容适应和教学对象适应原则。

第三，为了培养学生的自主学习能力，教师应采用混合学习的方法。这意味着教师不应该简单地将任务和多媒体资料下发给学生，这样做只是传统教学模式的延续。相反，教师应该创造条件，让学生自主选择媒体，并给他们展示成果的机会。教师可以多样化学习成果的检验方式，例如，让学生利用计算机和网络设计并展示他们的成果。此外，学生可以自主选择软件记录学习过程，并以自己习惯的方式记录学习心得。这些措施可以帮助学生更好地利用多媒体技术，提高他们的学习效果。教师应该信任年轻人探索和学习新技术的能力。当他们有展示成果的机会时，会有惊人的进步。

（七）改革教学监管模式

现代教育需要与O2O相适应的教学管理和监督模式。随着教学方式的改变，相应的管理与监督机制也要进行调整。在传统教学模式下，学生在教师视线中的时间较多，教师对学生的监督较为严格。但随着互联网的普及，很多教学任务转移到了课下，学生处于一个脱离教师管制的状态，这暴露出了一些问题。因此，建立与混合学习相适应的教学监督和管理机制非常重要，这是影响学习成效的关键因素。现代信息技术确实具备了超越人的某些能力，但技术实体毕竟是无生命的机器，其能力只是模拟和增强了人的能力。仅靠在线检测和系统反应的学习时间无法达到了解学习进程与情况的目的。再聪明的系统也会使自觉性差的学生有机可乘。因此，教师需要探索适合混合学习的教学管理和监督模式，既要借助现代信息技术的优势，又要注重培养学生的自主学习能力。为了避免使用系统去控制和监视人这种失当的行为，需要加强在线和线下学习的融合性，不要将它们分开。在混合学习中，教师有独特的价值，尤其是在管理和监督学生方面。教师应该给学生充分的空间，并适时地介入线上学习，积极与学生交流每个学习阶段的感悟，及时给予反馈，并关注学生在每个阶段的所思所想。通过互动管理和监督学生，确保学习的质量和效率。这样可以有效地提高教学质量和学习效果，同时，避免不必要的干扰和监视。

（八）与学生有效互动

教师需要有效地与学生进行沟通和互动。随着技术的进步，教育也逐渐成为"互联网+"的对象，这是历史潮流和科技发展的必然结果，但也存在风险。教育链条上的每个环节，尤其是教育者和学习者，都面临着技术异化的危机。从主体的角度来看，这是因为缺乏互动、反馈和情感上的交流与影响。例如，即使将教师上课录成视频，也很难真实再现教育过程，因为面对的学生是异地异时的，这就削减了教育过程传递的信息。视频中教师的情感只能传递给观看视频的人，而这种单向的知识传输必须通过师生之间有效的沟通来弥补，否则学生可能会感到被压抑和忽视。为了解决这种压抑感，教师需要解决以下关键问题。

第一，教师熟悉视频内容和知识的重点与难点，这将有助于促进师生之间的互动。

第二，教师需要主动与学生沟通，就像在课堂上自然而然地关注每个人的面部表情一样，教师也应该尽量关注每个学生的感受，特别是那些被动内向的学生，更需要关注。

第三，教师和学生的互动应该是及时的。当学生提出问题时，教师不能让班长或课代表收集起来过一段时间再解答，而是要及时利用社交平台引导学生。研究表明，学生对教师延迟反馈的行为是非常不满意的。

第四，教师还应该在学习过程中及时推送共享一些相关资源，让大家有一种教师与自己在共同关注同样事物的感觉，感到自己并没有脱离管制，学习步调上便多了一些自主性。

三、学生观念转变策略

（一）全面评估个人价值

学生需要全面认识和肯定个人的价值，这需要他们全面了解自己并认识到作为一个完整的人的价值。价值的评估不应该仅仅依赖于教师的评分，因为人的价值无法量化。这需要不仅是教育者意识到，学习者也应该意识到他们的个人价值是多元的。只要是能够促进个人成长的事情，无论是在哪个方面都是值得提升的。然而，在很多情况下，学生往往忽视自己的价值，甚至在他们的学习成果还没有提交给教师之前就已经忽视了它们的存在。

（二）对教育价值的全面认识与肯定

理解教育的价值是学生的责任，而非仅仅教师的责任。如果学生将教育仅视为通过考试的手段，那么他们可能只会注重培养应对考试的能力。为了全面理解教育的意义，学生需要理解以下几个要点。

第一，教育是为人创造的独特实践，旨在培养精神优秀而非成绩优异的完整人格精神和能力。教育的过程是一个丰富和完善人的经验与心灵的过程。因此，学生应该明白教育的价值，向更高的层次迈进，不要把教育的价值局限于分数。

第二，理解教育在人一生中的价值非常重要。学生都有相当的学习经验，应该理解教育的内涵和发展的实质。特别是对于在校大学生而言，理解教育的意义对于他们终身学习至关重要。

第三，教育过程和成长过程是一致的。受教育的过程不仅包括智力的提升，还包括世界观、人生观和价值观的养成。学生应该把学习视为一种生活方式，以此指引自己向自我提升。

（三）深入理解混合学习的实质

学生应该努力理解混合学习的实质，而不仅仅把它看作传统教室的一种替代形式。研究表明，学生对混合学习的抵触情绪主要源于对该方法的理解不足，缺乏对其本质的认识。在没有理解这种学习方式的情况下就开始实践，会让学生感到难以接受。教师在指导学生时也可能存在不足之处，但学生本身也应该克服心理上的抵触情绪。为了突破传统思维的禁锢，学生需要做到以下几点。

首先，要积极接受新事物，不要总是依赖传统的学习方式。我们应该相信还有比传统更高效的学习方法，只有先接受新的方式，才有可能适应它们。

其次，混合学习的精髓在于让学生重获主动权，这是为了学生的终身发展而设立的学习方式。混合学习并非简单用视频代替教师的讲解，而是让学生能够自主安排学习步调。

最后，混合学习的成就感在于解决问题后的自我提升和满足感。因此，有学习经验的学生需要从观念上调整学习的动机，不能仅仅为了教师的赞扬而学习。学生应该意识到，他们是在为自己学习，并主动构建知识体系，将新知识与旧知识联系起来。只有意识到混合学习是锻炼自主学习能力的平台，才能更好地利用这个平台。

在研究中，被试抱怨视频传递的知识太零碎，一部分原因确实是教师没有将知识点串联起来。但更重要的原因是学生没有意识到，在任何学习方式下，教师都不可能替他们理解和建构知识体系。这本来就是学生自己的事情。

（四）培养利用资源解决问题的意识

学生应该主动获取学习资源并利用这些资源解决问题。对于应用混合学习的年轻人来说，适应新技术的能力往往比教师快，而移动终端的普及使搜索引擎成为获取学习资源的一种很方便的方式。如果学生每天都持有移动设备却不利用这些资源，那么这就不是行为层面的问题，而是意识层面的问题，即学生缺乏利用资源的意识。作为学生，应该主动获取学习资源并加以利用，而不是只抱怨教师提供的资源不够好。当教育者将学习的权利交还给学习者时，学习者应该懂得去利用这些资源，而不是等着教师布置作业、提供教材和练习册。具体而言，学生应该做到以下几点。

首先，学习中的难题应该积极解决，不仅仅在课堂上或完成作业时，而是应该将其视为生活中的问题。学生应该保持对未知问题的热情和积极性。

其次，学生应该利用各种资源解决问题，而不是过分依赖教师。在互联网时代，学生应该认识到自己在丰富的网络资源中占据主动地位，并不断拓展自己的知识面和技能。这些方法可以帮助学生克服困难，提高学习效率。

（五）培养时间意识、效率意识、自我管理意识

学生需要具备时间意识、效率意识和自我管理意识。这三个意识通常是同时存在于学生身上的。

缺少时间意识是学生被动的主要原因。这种表现体现在学习前不会安排时间，并且不会将线上学习视为一个自主管理的学习过程，只是把教师布置的作业当作应付检查的手段。这种错误的定位直接导致学习目标变成了应付考试，而忽略了学习的实际效果和提高。

学生需要明白提高效率意识的重要性，即在单位时间内完成任务的数量和质量，这样才能始终处于高度集中和清醒的状态。自我管理意识是学生必备的意识之一，具体表现在学习前要安排好时间，避免注意力分散和时间的浪费。

在学习过程中，如果发现自己的学习方法与学习内容不匹配，需要及时尝试其他方法，对自己选择的学习方法负责。学生要时刻保持时间意识、效率意识和自我管理意识，这样才能更好地提高学习效果。

学生应认识到自己既是学习的管理员，也是最有效的监督者。在混合学习中，学生掌握的不是具体的任务，而是一个阶段的学习，这意味着学生可以灵活调整时间、环境、资源、教师和同伴等要素以服务于自己的学习。这种观念上的转变将直接影响学习行为和结果。

四、学生行为转变策略

教师的观念和行为对学生有着重要的影响。当学生的观念发生改变时，教师的转变可以更容易地影响他们的行为，因为学生已经开始接受改变和适应新的方式。因此，学生的行为改变建立在这三个方面的基础上，这是一种自然的转变。研究表明，问题可能表现在学生的行为上，但其根源在于教师的教学过程或学生自身的观念。因此，直接用来改变行为的策略并不多。与学习过程相关的策略包括：与过程性评价模型对照，要求学生掌握自我评价的方法，培养反思的习惯。这些策略可以帮助学生更好地理解和掌握学习过程，并最终改变他们的行为。

（一）学会自评与反思

大多数学生已经适应了接受外界评价，但对于自我评价，即使了解其重要性，也难以做到准确。因此，在学习过程中，他们需要努力适应过程性评价，具体包括以下几个要点。

第一，为了有效地进行自我评价，学生需要掌握基本的分析技巧，并从科学的角度分析自己和任务。这意味着在各阶段，学生都需要设计最适合自己的评估方案，而不是仅仅凭感觉发表一些泛泛而谈的言论。

第二，一旦方案设计好，学生就需要践行方案，以反思为核心，不断提醒自己进行思考。学生可以按时间或阶段记录自己的反思日记，整理自己的学习心得和成果，并在最后一个整合阶段，学会整理所有的反思笔记，梳理出自己的进步之处和问题所在。

第三，最重要的是，学生需要培养反思的习惯，这样可以发挥过程性评价的长效性。尽管初期可能会有很多不适应，但自我评价和反思应成为学生学习的习惯，并且要在每个阶段反复使用和练习，这样就可以逐渐形成习惯。实际上，这不仅仅是形式上的记录，更是一种生活方式。在开始时，学生必须严格遵守自我评价的要求和基本要点，但是在形成习惯之后，学生可能可以不再拘泥于形式。在课程结束后，学生应该将反思作为一种习惯保留下来，并在没有人监督时自觉发挥其作用。

（二）学习中发挥主动性

学生应该积极主动，具体表现为自我规划、自我管理、自我反思、自我解决问题并适时向教师寻求帮助。以下几点是实现这种主动性的具体方法。

首先，学生应该在学习之前制订一个学习计划，包括何时、做什么、如何做等基本内容。这个计划应该基于自我分析和任务分析，目的是指导自己的行动，而不是仅仅为了让教师看到。

其次，在学习过程中，学习计划应该是一个指挥棒，学生应该努力实施计划。当注意力无法集中、效率低下或遇到计划之外的问题时，学生需要及时调整策略。此外，学习过程应该包括反思和自我评估，学生应该积极思考并记录所学的收获、困惑、感悟、体验等有价值的信息，这些信息将成为下一步学习改进的重要依据。

最后，学生在面对问题时，不能仅依赖教师的帮助，而应该先自己思考和利用其他资源进行解决。这种探究的过程可以帮助学生更深入地了解问题，并且定位自己的困难点。当学生再听取教师的讲解时，会更容易理解并迅速掌握相关知识。在学习中，学生应该扮演主导角色，充分利用各种辅助资源，从而更好地发挥主动性，提高学习效果。这需要学生积极地参与学习过程，包括自我评估和反思，不断地提高学习技能，掌握学习方法，以便更好地应对各种学习挑战。

（三）培养互动分享的能力

为了培养学生的互助、交流、共享的能力，需要逐渐建立与教师和同学之间的积极互动，并将其变成一种常态。研究表明，学生和教师之间在整体上缺乏密切联系，特别是在大学阶段，教师只教授某一门课程，如果学生不积极地与教师沟通交流，那么教师甚至都可能不知道学生的名字。虽然学生可能会认为这是教师的不负责任，但事实上，学生也没有主动与教师互动，没有表达自己的观点和想法。在学习过程中，学生遇到的问题很多，但是他们真正提出问题的次数很少，能够与教师进行讨论的更是少之又少，这也限制了教师发挥作用的能力。学生之间虽然也有交流的机会，但通常只是进行简单的对话，而不是真正的讨论，更谈不上合作学习。因此，为了培养学生的相关能力，需要注意以下几点。

首先，学生应该有意识地提高问题的质量。这意味着要提出一些有意义的问题，而不是一些肤浅的或概念性的问题。学生应该尽量创造表达个人见解的机会，从而提高自己的思维能力和创造力。

其次，学生应该在深思熟虑之后再提问和表达。只有这样，讨论才能加深层次，产生实质性的碰撞，从而让学生在讨论中获得成长和提升。

再次，学生应该兼顾倾听和表达。这是提升认知水平的最有效途径之一。通过倾听他人的思维方式，学生可以更好地理解问题，发现问题的本质和难点。同时，通过表达自己的观点，学生也可以让他人接纳自己的观点或找到自己观点的问题所在。

最后，学生应该学会共享。其中包括思想和资源两个方面。思想的共享是指毫无保留地表达自己的见解，让其他人受益；而资源的共享是指将高质量的资源传递给更多的同伴，从而提高大家的学习效率。在当今终端性能不断提升和网络技术不断完善的背景下，共享已经有了硬件条件的支持，为学生培养该能力提供了便捷。

参考文献

[1]曹梅.大学生混合学习行为表现及其作用机制[J].现代远距离教育，2020，187（1）：62-68.

[2]格尔森.如何在课堂中使用差异化教学[M].北京:中国青年出版社,2019.

[3]格雷戈里.差异化教学[M].赵丽琴,译.上海:华东师范大学出版社,2015.

[4]黄荣怀,刘德建,刘晓琳,等.互联网促进教育变革的基本格局[J].中国电化教育，2017（1）.

[5]劳德,等.差异化教学探究[M].刘颂,译.上海:华东师范大学出版社,2015.

[6]李利，顾卫星，叶建敏，等.混合学习中大学生教学情境感知对深度学习的影响研究[J]中国电化教育，2019（9）：121-127.

[7]刘丹.翻转课堂下深度学习的影响因素研究[D]太原:山西师范大学,2018.

[8]马婧.混合教学环境下大学生学习投入影响机制研究：教学行为的视角[J].中国远程教育，2020，541（2）：57-67.

[9]普拉西尼格.基于学习风格的差异化教学[M].郑晓梅,译.北京:中国青年出版社,2019.

[10]唐金娟.网络环境下大学生深度学习的研究[D]金华:浙江师范大学,2011.

[11]王璐.高校混合式课程中学生深度学习影响因素探究[D]武汉：华中师范大学，2018.

[12]王全亮.网络环境下大学生深度学习现状及其影响因素研究[D].昆明:云南大学,2016.

[13]王秀云.网络环境下师范生深度学习的现状及对策研究[D].兰州:西北师范大学,2013.

[14]吴南中，夏海鹰.混合学习中"虚实互动"效果的影响因素研究[J].现代远距离教育，2019（2）：33-42.

[15]吴亚婕.影响学习者在线深度学习的因素及其测量研究[J].电化教育研究，2017（9）：57-63.

[16]周媛，韩彦凤.混合学习活动中学习者学习投入的研究[J].电化教育研究，2018，39（11）：99-105.